ROM

— Das Kochbuch —

ROM

— Das Kochbuch —

südwest

1. Auflage

Die Originalausgabe erschien 2016 unter dem Titel „Tasting Rome – Fresh Flavours & Forgotten Recipes from an Ancient City" bei Clarkson Potter, einem Unternehmen der Crown Publishing Group, einer Division von Penguin Random House LLC.

Redaktionsleitung: Silke Kirsch
Projektleitung: Eva Wagner
Übersetzung: Wiebke Krabbe, Damlos
Lektorat: Şebnem Yavuz, Erpel
Gesamtproducing:
trans texas publishing services GmbH, Köln

Coverdesign für die deutschsprachige Ausgabe: OH, JA!, München
Fotos auf Seite 2, 48 (oben links, oben rechts, unten links), 172-173, 177, 180, 183, 196 und 199 von Matt Armendariz
Illustrationen: Meighan Cavanough (Umschlagrückseite), Shutterstock/Canicula (Umschlagvorderseite, S.1,3)
Druck & Verarbeitung: Mohn media Mohndruck GmbH, Gütersloh

Für die englischsprachige Originalausgabe:
Cover- und Buch-Design:
Stephanie Huntwork
Coverfotos: Kristina Gill

Printed in Germany

MIX
Papier aus verantwortungsvollen Quellen
FSC® C011124
www.fsc.org

Verlagsgruppe Random House
FSC® N001967

ISBN 978-3-579-09522-6

Für Mama Parla, Papa Parla,
Lauren Parla, Nonno Cipollina und Chris Behr

— KATIE PARLA

Für meinen Vater, meinem größten Fan

— KRISTINA GILL

INHALT

VORWORT

Bald nach meiner Ankunft in Borgo Capanne, einem Dorf zwischen Bologna und Florenz, fielen mit die Feinheiten der regionalen Küche auf. Das war 1989. Ich arbeitete damals in einem winzigen Restaurant mit nur 24 Plätzen. Natürlich wusste ich bereits, dass jede Region, jede Stadt und jedes Dorf Italiens seine eigene kulinarische Tradition hat und lebendig hält. Aber erst als ich mich intensiv mit der dortigen Küche beschäftigte, verstand ich, wie Köche die regionalen Rezepte und Zutaten verwenden, ohne dabei ihren ureigenen Stil zu verlieren.

Traditionelle Gerichte unterscheiden sich nicht nur von Region zu Region, sondern von Koch zu Koch. Die Grundzutaten eines Gerichts wie *tagliatelle al ragù* mögen unveränderlich gleich sein, aber über Mengenanteile und Zubereitungsweise entscheidet der jeweilige Koch. Ich habe drei Jahre in Mittelitalien gelebt und Hunderte Versionen von *tagliatelle al ragù* probiert – alle aus ähnlichen Grundzutaten und doch immer etwas anders. Dasselbe gilt für *lasagna al forno*, für *tortellini in brodo* oder für *cotoletta alla bolognese*.

In Rom erlebt man dasselbe bei jedem Teller *carbonara, cacio e pepe* und *coda alla vaccinara*. Mich interessiert immer, wie die individuellen Rezepte einzelner Köche entstehen. Warum verwendet der eine für *carbonara* Pancetta statt *guanciale* oder gibt *Parmigiano Reggiano* in die *cacio*-Mischung? Was bewegt die Hälfte der römischen Köche, Kakaopulver in ihre *coda* zu geben, während die anderen es weglassen? Unser Buch beantwortet diese Fragen.

Meine liebe Freundin Katie Parla kennt Rom sehr gut (vor allem Essen, Wein und Bier), und sie beobachtet die kulinarische Kultur der Stadt mit geübtem, scharfem Blick. Sie zeigt hier, wie Traditionen entstanden und sich noch immer entwickeln. Das Buch enthält viele Rezepte, die Sie in einem Band über Rom erwarten, darüber hinaus verraten Katie und Kristina neue Methoden und Insiderwissen, weil sie in engem Kontakt zu Köchen und Bäckern der Stadt stehen. Kristina Gill hat wunderbare Fotos beigesteuert, die Rom lebendig werden lassen. Ob Sie einfach gern in einem schönen Buch blättern, eine Fantasiereise unternehmen möchten oder die Rezepte nachkochen wollen – dieses Buch wird Sie begeistern.

— MARIO BATALI

EINLEITUNG

Mitten in Rom gibt es einen großen Platz. Dort befand sich früher der Circus Maximus, auf dessen etwa 800 Meter langer Bahn vor einer Viertelmillion Zuschauern Wagenrennen veranstaltet wurden. Heute ist es ein verstaubter Park, in dem Hunde ausgeführt werden und vereinzelte Jogger unterwegs sind. Schüler, die den Unterricht schwänzen, sitzen auf den Böschungen, wo früher Leinen gebleicht wurde. Manchmal picknicken Touristen im Schatten der Schirmpinien am Ende des Platzes neben einer umgebauten Pastafabrik, in der sich jetzt Kulissenwerkstatt und -lager der Oper befinden.

Solche Orte in Rom mögen wir ganz besonders. Schnell verliebt man sich in die Kopfsteinpflastergassen, Barockbrunnen, pastellfarbigen Stadtvillen und lebendigen Piazzas Roms, aber uns faszinieren eher die surrealen Ecken wie eben dieses Kulissenlager der Oper in einer ehemaligen Pastafabrik neben einer riesigen Ruine. Solche Gegensätze findet man oft in Rom. Es sind Orte, an denen das moderne Leben trotz der ungewöhnlichen und manchmal bizarren Atmosphäre seinen Gang geht.

Was hat nun zwei Amerikanerinnen in diese merkwürdig schöne, uralte und aufregende Stadt verschlagen? Unsere Wege in die italienische Hauptstadt waren verschieden. Katie stammt aus New Jersey und kam 2003 kurz nach ihrem College-Abschluss in Kunstgeschichte hierher. Sie wollte ein Kunststudium anschließen, wurde aber schnell von der italienischen Küche abgelenkt, sattelte um und erwarb einen Master in italienischer Gastronomiekultur an der Università degli Studi di Roma »Tor Vergata«. Kristina ging 1999 aus beruflichen Gründen nach Rom nachdem sie ein Jahr in Florenz und ein weiteres Jahr in Bologna studiert hatte. Katie arbeitet jetzt als freie Food-Journalistin und Dozentin. Kristina ist Food-Redakteurin beim amerikanischen Design-Blog Design*Sponge, freie Fotografin und Beraterin im Food-Sektor. Wir hatten andere Pläne, als wir hierherkamen, aber die Küche Roms hat unser Herz erobert.

Als wir uns kennenlernten, stellten wir fest, dass wir aus ähnlichen Gründen auf Erkundungstour gingen – Katie recherchierte, Kristina fotografierte. Wir beide hatten Freude daran, vergessene Rezepte und moderne Kreationen zu dokumentieren, und wir wollten die Geschichten, die nur Einheimische kennen, gern weitergeben. Wir probierten neue Zusammenstellungen und widerlegten das Klischee, dass römische Küche supertraditionell sein muss, um als authentisch zu gelten. Vor allem fanden wir es spannend, allein durch die Küche ein Bild unserer Wahlheimat vermitteln zu können.

Bei der Arbeit an diesem Buch haben wir uns in Graffiti-bunten Stadtrandbezirken umgesehen, in Patriziervierteln, archäologischen Parks, kleinen Bäckereien, noch kleineren Eisdielen, schummrigen Cocktailbars, innovativen Restaurants und natürlich auf quirligen Märkten. Das Ergebnis unserer Erkundungsgänge ist eine Sammlung von Rezepten, die ein umfassendes Bild der römischen Küche zeichnet und weit über den engen Rahmen der Tradition hinausgeht, um zu zeigen, dass sich diese Küche entwickelt hat. Die Tradition mag noch vorherrschen, aber sie ist nicht die einzige Realität.

10

Rom – damals und heute

Bevor wir über die Küche im heutigen Rom berichten, sollten wir 3000 Jahre zurückschauen, um zu verstehen, wie alles begann. Natürlich werden heute in römischen Küchen moderne Geräte und Zutaten aus aller Welt verwendet. Aber viele der Aromen, die wir als typisch empfinden, prägten bereits die römische Küche der Antike.

Rom hat seinen ländlichen Ursprung nie vergessen. Schließlich war der Stadtgründer Romulus ein Hirte. Der Legende zufolge wurde Rom am 21. April 753 v. Chr. gegründet. An diesem Tag tötete Romulus, Sohn des Gottes Mars und der Priesterin Rhea Silvia, seinen Zwillingsbruder Remus und wurde damit der erste König der einfachen Siedlung. Auf Romulus, nach dem die Stadt benannt ist, folgten sechs weitere Könige, von denen einige etruskischer Herkunft waren. Die Etrusker waren ein hoch entwickeltes Volk, das Handel trieb, aber letztlich von den Römern unterworfen wurde. Zuvor hatten die primitiven römischen Hirten von ihnen jedoch vieles über Bauwesen und Weinanbau gelernt.

Auf das Königreich folgte die Republik, eine 509 v. Chr. gegründete Oligarchie der wohlhabenden Familien. Sie dauerte fünf Jahrhunderte an, und in dieser Zeit entwickelte sich Rom von einem malariaverseuchten Provinznest zu einer blühenden Stadt mit komplexer Infrastruktur, umgeben von großen landwirtschaftlichen Betrieben. Als Bevölkerung und Stadtgebiet wuchsen, wurde mehr Nahrung benötigt. Große Aquädukte wurden gebaut, um die Stadt mit Wasser zu versorgen (ein ähnliches System ist heute noch in Betrieb). Nach der Eroberung von Süditalien und Nordafrika wurde in diesen Gebieten Getreide angebaut, finanziert mit Staatsmitteln, die durch ein ausgedehntes Handelsnetzwerk und eine Vormachtstellung im Mittelmeerraum reichlich vorhanden waren.

Als Augustus 27 v. Chr. als erster Kaiser den Thron bestieg, war Rom eine blühende Stadt mit fast einer Million Einwohnern auf einer Fläche, die dem heutigen historischen Stadtzentrum entspricht (und in dem heute weniger als 123 000 Menschen leben). Rom importierte Gewürze, Wein und Olivenöl, und die Patrizier amüsierten sich auf aufwendigen Banketten, bei denen exotische Produkte und Wildbret serviert wurden. Die arme Stadtbevölkerung ernährte sich hauptsächlich von Getreide, Hülsenfrüchten, Brei und Brot. Viele Menschen waren von staatlicher Unterstützung oder der Großzügigkeit der Oberschicht abhängig.

Mit dem Niedergang des römischen Kaiserreichs kehrten wieder bescheidene Verhältnisse in der Stadt ein. Im 5. Jahrhundert war die Einwohnerzahl stark gesunken und Rom, einst politisches Zentrum eines riesigen Reiches, bestand aus kaum mehr als einer Handvoll kleiner Dörfer inmitten von Viehweiden und Sümpfen.

Von etwa 600 n. Chr. bis 1870 wurde Rom – von kurzen Unterbrechungen abgesehen – von Päpsten regiert. Mönchs- und Nonnenklöster kümmerten sich um Landwirtschaft und Weinanbau. Während der Kreuzzüge tauchte Rom kurz aus seiner Isolation auf und kam durch den Gewürzhandel mit dem Osten in Kontakt. Davon abgesehen war die Ernährung im Mittelalter einfach und bestand hauptsächlich aus regional angebauten Produkten, Hülsenfrüchten, Lammfleisch und Knoblauch.

Mit dem Beginn der Renaissance kehrte der Wohlstand auf die Tische des Adels zurück. Die Bauern aßen einfache Gerichte. Im darauffolgenden Barock gab es üppige Bankette, natürlich nur für die Oberschicht. Zwischen 1555 und 1870 durften Juden auf Anordnung der Päpste ausschließlich in einem heruntergekommenen, hochwassergefährdeten Ghetto wohnen, wo durch Isolation, Armut, spezielle Gesetze und jüdische Speisevorschriften eine ganz eigene Küche entstand, die *cucina ebraica romanesca* (Seite 105).

1870 endete nach zwölf Jahrhunderten die Herrschaft der Päpste in Rom, herbeigeführt durch die italienische Einigungsbewegung unter der Führung von König Vittorio Emanuele II. und General Giuseppe Garibaidi. Das Ghetto wurde befreit, und Roms Entwicklung von einem verwahrlosten Sumpfgebiet zur blühenden Hauptstadt begann. Im folgenden Jahrhundert strömten Einwanderer aus allen Winkeln Italiens nach Rom, um Uferbefestigungen, Fabriken, Wohnhäuser und öffentliche Gebäude zu errichten. Die Bevölkerung wuchs, und Bauern aus den Abruzzen, aus Kalabrien, Kampanien, Sizilien und anderen Gebieten brachten ihre Traditionen mit. Sie alle beeinflussten die einheimische Küche.

Cucina romana bezeichnet die römische Küche in ihrer Gesamtheit. Ironischerweise wurde sie stark von Einwanderern beeinflusst, vor allem von Bauern, die in der Zeit zwischen 1870 und 1970 aus verarmten ländlichen Gebieten in die Hauptstadt zogen. Auch Arbeiter, Angestellte und Studenten aus anderen Teilen Italiens brachten Zutaten, Gebräuche und Zubereitungsweisen mit, die ihre Spuren hinterlassen haben. Elemente aus ganz Italien mischten sich so mit den einheimischen Traditionen, und dieser Prozess dauert bis heute an.

€ 2,00
FRUTTA

PECORINO della
SABINA 14m.
€2,30 l'etto
PECORINO
CENERINO
€ 2,00 l'etto
PECORINO del
SABINA in
VINACCIA
€2,50 l'etto

Über dieses Buch

UNSERE RÖMISCHEN REZEPTE

Unter den Rezepten in diesem Buch finden sich traditionelle Speisen und moderne Gerichte. Ausgesucht wurden sie wegen der Geschichten, die sie über die römische Küche erzählen, und der Art, wie sie die Bandbreite der Geschmacksrichtungen repräsentieren. Die Sammlung enthält etablierte Klassiker wie *Gricia* (Seite 76) und *Coda alla vaccinara* (Seite 147), und sie zeigt, wie sich die Küche gewandelt hat und wie neue Gerichte entstanden, die auf diesen traditionellen Aromen und Zutaten basieren. Die klassische *Cacio e Pepe* (Seite 74), eine Sauce aus Pecorino Romano und grob gemahlenem schwarzem Pfeffer, servierte man früher nur zu Pasta, heute wird sie auch zu *Supplì* gegessen (Seite 40). *Pollo alla romana* (Seite 89), geschmortes Hähnchen mit Tomaten und Paprika, aß man früher im Sommer als Hauptgericht, heute bekommt man es – ohne Knochen – auf Sandwiches. Das Faszinierende an diesen Innovationen ist, dass sie nicht radikal sind, sondern den Wurzeln der römischen Küche treu bleiben. Insofern führen sie die jahrhundertelange Entwicklung der römischen Küche fort.

Viele Klassiker haben wir in Zusammenarbeit mit bedeutenden Köchen der Stadt für den Hausgebrauch adaptiert. Bei den Pizza- und Brotrezepten hat uns John Regefalk unterstützt, ein bemerkenswerter Bäcker und Kenner europäischer Backtraditionen. Viele der Cocktails entstanden unter Mitwirkung von Spitzen-Barkeepern wie Patrick Pistolesi und Mitarbeitern »The Jerry Thomas Project«.

Es wäre unmöglich, alle Aspekte der römischen Küche zu berücksichtigen, darum haben wir versucht, eine Auswahl der *besten* zu treffen. Denn ehrlich gesagt gibt es unter den Klassikern und modernen Gerichten auch Grässliches. Wir haben sie probiert, also brauchen Sie es nicht zu tun. Wir möchten uns auf Gerichte konzentrieren, die den Geist der römischen Küche, die wir kennen und lieben gelernt haben, am treffendsten vermitteln.

Statt der traditionellen Kapitelfolge *antipasto, primo, secondo, contorno* und *dolce* haben wir uns für eine Aufteilung entschieden, die auch Platz für die neuen Klassiker und andere bemerkenswerte Gerichte bietet. Auch die wachsende Vielfalt köstlicher innovativer

Snacks und Vorspeisen sowie Street Food gehören dazu. Unsere Klassiker basieren auf beliebten Rezepten, die von einheimischen Köchen perfektioniert wurden. Die Variationen berücksichtigen den aktuellen Trend zu leichterer Küche.

Zwei Minderheiten, die römischen und libyschen Juden, liegen uns besonders am Herzen. Ohne die Einflüsse der *cucina ebraica romanesca* (Seite 105) und der jüngeren *cucina tripolina* (Seite 119) wäre die römische Küche nicht, was sie ist. Obwohl die jüdische Gemeinde mit 13 000 Mitgliedern nur etwa 0,3 % der Gesamtbevölkerung ausmacht, sind Geschmack und Geschichte ihrer Speisen so interessant, dass sie unbedingt berücksichtigt werden müssen.

Im Kapitel Quinto Quarto geht es um Innereien und preiswerte Fleischstücke, die von Bauern und Adligen gleichermaßen jahrhundertelang gegessen wurden. Wir präsentieren Gerichte, die langsam verschwinden, und andere, die wieder in Mode kommen, weil junge römische Köche sich auf die Vergangenheit besinnen. Man liebt in Rom aber auch die saisonalen Produkte, die in großer Fülle auf den Märkten angeboten werden und eine wichtige Säule vieler klassischer Gerichte bilden. Unter unseren Gemüserezepten finden Sie traditionelle Gerichte und neue Kombinationen, für die einheimische Produkte der Saison verwendet werden und die je nach Angebot abgewandelt werden können.

Das Kapitel über Brot und Pizza gibt einen Überblick über römische Backwaren von Pizza über Fladenbrot bis zu Brötchen, die geradezu das »tägliche Brot« sind. Wir würdigen die Bäcker der Antike und ihre alten Weizensorten mit einem Rezept nach historischem Vorbild.

Im Kapitel über Süßspeisen widmen wir uns der unterschätzten Vielfalt römischer Desserts. Hier finden Sie neben Feiertags- und Alltagsrezepten auch außergewöhnliche Rezepte wie *Sorbetto di Pesche e Vino* (Seite 208), die vertraute Zutaten in neuer Form präsentieren.

Die Cocktailkultur ist noch recht jung, entwickelt sich aber schnell, weil junge Römer statt Wein gern neue Geschmackserlebnisse probieren. Unsere Rezepte wurden von renommierten Barkeepern entwickelt und zeigen, wonach das junge Rom dürstet.

DIE RÖMISCHE KÜCHE FÜR ZU HAUSE

Es kann kompliziert sein, in Rom essen zu gehen. Sprachbarrieren und unterschiedliche Speisekarten für Touristen und Einheimische machen es nicht leichter. Römisch zu kochen ist einfacher. Sie brauchen nur einige Küchenutensilien und Zutaten, dann können Sie unsere Rezepte nachkochen – auch wenn Sie noch so weit von Rom entfernt wohnen.

Ausstattung

Die römische Küchenausstattung ist so einfach und praktisch wie die Küche selbst. Mit ganz simplen oder gängigen Utensilien können Sie im römischen Stil kochen. Die meisten davon besitzen Sie wahrscheinlich. Eine Küchenmaschine, die vor allem für die süßen Rezepte empfehlenswert ist, dürfte in den meisten Haushalten ebenfalls vorhanden sein. Nur für wenige Rezepte braucht man besondere Geräte oder Spezialzubehör wie beispielsweise eine Pastamaschine für *I Cracker* (Seite 190), eine Eiscrememaschine oder einen Pizzastein. Und wenn Sie keinen Pizzastein haben, brauchen Sie auch keinen anzuschaffen. Wo immer es möglich ist, nennen wir Alternativen. Einige Utensilien, die wir im Folgenden auflisten, *müssen* Sie aber haben.

BACK- UND AUFLAUFFORMEN Back- und Auflaufformen gibt es in verschiedenen Formen und Größen aus Keramik, Porzellan, Steingut, hitzefestem Glas und Glaskeramik. Wenn Sie keine Form in der angegebenen Größe besitzen, verwenden Sie eine größere oder kleinere. Dadurch kann sich allerdings die Garzeit ändern. Die Materialien, die wir empfehlen, gewährleisten eine gleichmäßige Hitzeverteilung. Sie können aber benutzen, was Sie bereits besitzen.

Brot, Pizza und andere Teige gelingen nur, wenn alle Zutaten – auch Flüssigkeiten – genau abgewogen werden. Das Backen ist schließlich eine exakte Wissenschaft. Messbecher sind recht ungenau, außerdem unterscheiden sich die einzelnen Mehltypen im Volumen. Darum ist eine Digitalwaage die sicherste Möglichkeit, ein gutes Ergebnis zu erzielen.

Zum Rühren von Teig, *biga* (Seite 196) und von Brei brauchen Sie kleine, mittlere und große Schüsseln, vorzugsweise aus Glas, Edelstahl oder Kunststoff.

Brot und Pizza gelingen am besten auf einem Pizzastein. Ersatzweise können Sie ein umgedrehtes Backblech oder eine unglasierte Klinkerplatte verwenden. Wichtig ist, Stein, Backblech oder Klinkerplatte mindestens 45 Minuten vorzuheizen, damit der Teig später gleichmäßig gart. Sehr praktisch ist ein Brotschieber, alternativ verwenden Sie ein dünnes, gerades Holzbrett oder ein Backblech ohne Rand (Seite 182). Zum Auslegen von Backblechen und als Unterlage auf anderen vorgeheizten Oberflächen benötigen Sie Backpapier.

Ein Teigschaber ist nützlich, um Teig zu bearbeiten und umzufüllen. Er bildet eine Art Verlängerung der Hand, an der der Teig nicht haftet. Sie können damit die Arbeitsfläche reinigen, Teig in Portionen teilen und einen Brotlaib vor dem Backen einkerben (siehe beim *Habemus Panem;* Seite 198); für Letzteres kann ebenso ein Kochmesser verwendet werden.

Backbleche gibt es in verschiedenen Größen. Unsere Rezepte sind für dicke Bleche von 45 cm x 33 cm Größe konzipiert. In den meisten Fällen können auch andere Größen verwendet werden. Legen Sie Bleche immer mit Backpapier oder einer Silikonmatte aus.

COCKTAILZUBEHÖR Für einige unserer Cocktailrezepte benötigen Sie einen Metallshaker, um Eiweiß schaumig zu schlagen. Zu den meisten Shaker-Sets gehört ein Hawthorne Strainer, dessen abnehmbare Spirale benutzt wird, um *Cinquième Arrondissement* (Seite 233) trocken zu schütteln. Große Eiswürfelschalen für *Cosa Nostra* (Seite 234) und

Nerone (Seite 237) sind in guten Spirituosengeschäften und online zu bekommen. Wenn Sie keinen Barlöffel haben, verwenden Sie einen Teelöffel. Zum Abmessen kleiner Flüssigkeitsmengen verwenden Sie entweder ein Barmaß, oder Sie schaffen sich ein preiswertes Set Messlöffel an. Barstuff.de, spirituosenworld.de oder cocktailstar.de sind gut sortierte Online-Shops, die Barzubehör in verschiedenen Preisklassen anbieten. Kleine, mittlere und große Schraubgläser sind praktisch für *Sciroppo di Zucchero* (Seite 233), *Wodka all'Alloro* (Seite 237), *Digestivo all'Alloro* (Seite 239) und *Ciliegie al Mezcal* (Seite 242).

Wir schlagen in unseren Rezepten für jeden Drink das passende Glas vor. Das heißt aber nicht, dass Sie Unmengen Gläser anschaffen müssen. Unsere Lieblings-Barkeeper benutzen immer wieder andere Gläser. Uns wurde *Cinquième Arrondissement* schon in einem Weinglas, einem Longdrinkglas und einem kleinen Bierglas kredenzt. Wenn die römischen Barkeeper das Thema Gläser locker sehen, dann dürfen Sie es auch.

EISCREMEZUBEHÖR Um Zabaione-Eis für *Affogato al Caffè* (Seite 204) oder *Sorbetto di Pesche e Vino* (Seite 208) zuzubereiten, brauchen Sie nicht unbedingt eine Eiscrememaschine. Auf Seite 204 stellen wir eine andere Methode vor. Wenn Sie sich aber ein Gerät anschaffen wollen, ist Cuisinart ICE-21 ein gutes Einsteigermodell. De'Longhi GM6000 erfüllt höhere Ansprüche. Ein kleiner Kugelformer, etwa mit dem Volumen eines Teelöffels, ist praktisch zum Formen von *Castagnole* (Seite 207) und *Pizzarelle* (Seite 124) und natürlich auch zum Servieren von Eiscreme und Sorbet.

FRITTIERGERÄTE Sie bauchen keine Fritteuse zum Frittieren. Römische Küchen sind zu klein für eine ganze Sammlung von Gerätschaften, darum wird zum Frittieren meist eine Pfanne mit hohem Rand, ein Gusseisentopf oder ein Bräter verwendet. Mit einer langen Zange, einem Schaumlöffel, einem Metallsieb mit langem Stiel oder einem Frittierkorb aus Metall bleiben Sie in sicherem Abstand zum heißen Fett. Kontrollieren Sie die Temperatur mit einem robusten Thermometer, dessen Skala mindestens bis 200 °C reicht. Das Gefäß, in dem Sie frittieren, sollte mindestens 15 cm hoch sein. Je höher die Wandung, desto weniger spritzt heraus. Ein weites Gefäß steht sicherer als ein enges, und je schwerer das Material ist, desto gleichmäßiger wird das Frittierergebnis. Beim Frittieren in Portionen ist ein Kurzzeitmesser hilfreich.

KASTENREIBE Wir empfehlen eine robuste Kastenreibe mit einem handlichen Griff und mindestens einer Seite, auf der die Löcher einen kleinen Reibegrat haben. Darauf lassen sich Pecorino Romano und Parmigiano Reggiano schön fein reiben. Käse, der frisch und fein gerieben wird, schmilzt schneller und gleichmäßiger und bildet nicht so leicht Klumpen. Das ist wichtig für klassische Rezepte wie *Cacio e Pepe* (Seite 74), *Carbonara* (Seite 70) und *Gricia* (Seite 76).

KÜCHENMASCHINEN Zu den meisten Küchenmaschinen gehören Schneebesen, Rührblatt und Knethaken. Letztere werden für schwere Teige benötigt und für Teige, die lange geknetet werden müssen, beispielsweise für *Pizza romana* (Seite 181) und *Maritozzi con la Panna* (Seite 216). Für *Torta di Ricotta* (Seite 221) und *Brutti ma buoni* (Seite 224) können Sie auch einen Handmixer verwenden. Es ist sinnvoll, sich eine zusätzliche Rührschüssel anzuschaffen.

RAMEQUIN-FÖRMCHEN Diese kleinen, ofenfesten Förmchen bestehen aus Porzellan oder Keramik. Wir verwenden Förmchen mit 185 ml Volumen für *Sformatino di Broccolo romanesco* (Seite 150) und Förmchen mit 170 ml für *Panna Cotta alla Menta con Salsa di Cioccolato* (Seite 212). Alternativ können Sie Keramikbecher, Muffinförmchen oder sogar kleine Marmeladengläser verwenden, die auf dem Tisch originell aussehen können.

TÖPFE UND PFANNEN Grundsätzlich empfiehlt sich die Verwendung von dickwandigen Töpfen und Pfannen, weil sie sich gleichmäßiger aufheizen und die Temperatur konstant halten. Bei Kochgeschirr aus dünnem Material ist die Hitzeverteilung oft ungleichmäßig, dadurch kann das Gargut an Stellen, die sich stärker erhitzen, anhaften oder sogar anbrennen.

Zum Mischen von Pasta mit der Sauce empfehlen wir einen Edelstahltopf oder eine Pfanne von mindestens 8–10 cm Tiefe, damit nichts herausfällt. Ein robuster Topf mit geraden Wänden in mittlerer Höhe mit fest schließendem Deckel ist ideal zum Schmoren von Fleisch. Die Größe sollte so bemessen sein, dass alle Zutaten gut darin Platz finden.

Zutaten

Die römische Küche zeichnet sich durch ihre Vielfalt von saisonalen Produkten aus, die auf allen Märkten in der Stadt angeboten werden und in Geschmack und Frische kaum zu übertreffen sind. Kaufen Sie also sehr frische Zutaten, weil diese einfach am besten schmecken, zum Beispiel auf dem Markt oder direkt beim Erzeuger. Wer einen Garten hat, kann natürlich eigenes Gemüse anpflanzen. Tauschen Sie Zutaten ruhig gegen andere aus, die gerade auf dem Markt erhältlich sind – das ist ganz im Sinne der römischen Küche.

Abgesehen von frischem Obst und Gemüse gibt es natürlich einige Zutaten, die für die römische Küche unerlässlich sind. Die meisten davon bekommen Sie in gut sortierten Supermärkten und in italienischen Lebensmittelläden.

EIER Für unsere Rezepte benötigen Sie große Eier. Bio-Eier haben in Rom oft ein dunkleres, intensiveres Gelb, was sich auf die Farbe Ihrer *carbonara* (Seite 70) auswirken kann, aber nicht auf den Geschmack. Wenn Sie rohes Eiweiß für Cocktails verwenden möchten, kaufen Sie unbedingt frische Bio-Eier von einem zuverlässigen Anbieter. Pasteurisiertes Eiweiß oder Eiweißpulver eignet sich ebenfalls – nach Ansicht mancher Barkeeper sogar noch besser.

FENCHELPOLLEN Das Aroma von Fenchelpollen passt wunderbar zu Gerichten mit Schweinefleisch, beispielsweise *Porchetta di Vito Berna-*

bei (Seite 103), wir verwenden sie aber auch für *Habemus Panem* (Seite 198). Kaufen kann man sie in Gewürzhandlungen oder online im Internet.

GUANCIALE *Guanciale* (Seite 82), ein salziger durchwachsener Speck, ist ein Eckpfeiler der römischen Küche. Sie können ihn selbst herstellen, in guten Delikatessengeschäften kaufen oder online bestellen. Schneiden Sie vor der Zubereitung die äußere, mit Gewürzen eingeriebene Schicht und alles gelbliche Fett ab. Zuerst in Scheiben schneiden, dann in Würfel. Die Größe ist jeweils im Rezept angegeben.

Sie können *guanciale* durch Pancetta oder gut durchwachsenen geräucherten Bauchspeck austauschen, allerdings enthält *guanciale* etwa 70 % Fett, Bauchspeck dagegen nur 50 %. Sie können von dem Fett, das beim Erhitzen austritt, ruhig etwas abgießen. Das mag vielleicht widersprüchlich klingen, aber tatsächlich kennen wir viele römische Köche, die genau so verfahren, weil sie leichtere, fettärmere Gerichte bevorzugen. Nach Ansicht einiger Römer entspricht es allerdings nicht der Tradition. Bewahren Sie das Fett aber auf: Sie können es noch gut für *Wodka al Guanciale* und für *Carbonara Sour di Co.So.* (Seite 228) gebrauchen.

ÖL Sofern nichts anderes angegeben ist, wird zum Garen von Gemüse und für Salatdressing natives Olivenöl bester Qualität verwendet. Zum Frittieren eignet sich geschmacksneutrales Öl mit hohem Rauchpunkt, beispielsweise Raps-, Erdnuss- oder Maiskeimöl.

PASTA Kaufen Sie unbedingt Pasta von guter Qualität. Langsam getrocknete Bronzepasta aus Hartweizen wertet durch Geschmack und Konsistenz jedes Gericht auf. Pastificio Di Martino und De Cecco sind gute Sorten mittlerer Qualitätsstufe. Benedetto Cavalieri, Pastificio dei Campi, Felicetti und Setaro gehören zur Spitzenklasse. Sie sind teurer, aber ihren Preis wert.

In jedem Rezept geben wir eine bestimmte Pastaform an. Die Historikerinnen Oretta Zanini De Vita und Maureen Fant haben ein ganzes Buch (*Sauces & Shapes: Pasta the Italian Way*) über die Kombination bestimmter Saucen und Pastaformen geschrieben, und tatsächlich spielt die richtige Kombination für die Römer – und letztlich für die meisten Italiener – eine Rolle. Pastaklassiker der römischen Küche sind Spaghetti, Rigatoni und *bombolotti* (auch *mezze maniche* genannt).

PECORINO ROMANO Pecorino Romano ist ein salziger Käse aus Schafsmilch, dessen Ursprung 2000 Jahre zurückreicht. Er muss nicht unbedingt in Rom hergestellt werden. Laut Gesetz darf der Käse auch in Sardinien (Pecorino Sardo), auf Sizilien (Pecorino Siciliano) und in der südlichen Toskana (Pecorino Toscano) produziert werden. Jeder Hersteller hat seine eigene Methode der *salatura,* darum kann der Salzgehalt je nach Hersteller unterschiedlich sein. Selbst Käse eines Herstellers wird, je nach Saison, unterschiedlich schmecken. Probieren Sie den Käse vor der Verwendung, und salzen Sie sparsam. In Rom nehmen wir die Sorten Brunelli und Lopez. Im Ausland bekommt man Pecorino mittlerer und hoher Qualität in Supermärkten mit gut sortierter Käsetheke, in Bioläden und in Feinkostgeschäften.

PEPERONCINI Intensive oder anhaltende Schärfe entspricht nicht dem Geschmack der Römer, aber die milde bis mittlere Schärfe von *peperoncini* wird sehr geschätzt. Wir verwenden getrocknete *peperoncini,* die in langen Strängen auf vielen Marktständen hängen. Gute Alternativen sind getrocknete Chiliflocken oder frische Vogelaugenchilis.

SALZ Sofern nichts anderes angegeben ist, würzen Sie mit Meersalz. Nur zum Einsalzen von Fleisch und Fisch wird gelegentlich Pökelsalz benötigt. Würzen Sie Fleisch eine Weile vor der Zubereitung, damit das Salz ins Gewebe eindringen kann. Ganze Fische werden etwa 1 Stunde vor dem Garen gesalzen, Filets etwa 20 Minuten vor der Zubereitung.

SCHWARZER PFEFFER Angesichts der wichtigen Rolle, die schwarzer Pfeffer heute in der römischen Küche spielt, kann man sich kaum vorstellen, dass er vor dem 20. Jahrhundert als teurer Luxus galt. Vielleicht liegt es am Nachholbedarf, dass er heute so großzügig verwendet wird. Kochen Sie immer mit frisch gemahlenem Pfeffer.

TUTTO
€1,00

CURRY
CORIANDOLO
DOLCE
PEPE·NERO
INTERI
€·1·50
CORIANDOLO
INTERO
SEMI·DI

Cocktails
8
Dreams
OLd's
VERMOUTH
Dri
the
chiedere
SPIRITS
VINI
-BIT

Verwendung dieses Buchs

Unsere Rezepte sind nach Themen geordnet. Sie können beliebig springen und kombinieren – nach Jahreszeiten, Anlässen oder nach Geschmack. Einige Dinge sollten Sie aber beachten.

Maße und Gewürze

Charakteristisch für die römische Küche ist, dass sie es nicht so genau nimmt mit exakten Mengen – außer beim Backen von Brot und Pizza oder beim Pökeln von *Guanciale* (Seite 82). Blättern Sie einmal in einem italienischen Kochbuch: Sie werden überall die Abkürzung »q.b.« finden, was für für *quanto basta* steht – »nach Bedarf«. Das heißt, dass für Mengen und Mengenverhältnisse der persönliche Geschmack entscheidend ist. Sie können also unsere Rezepte gern nach eigenem Geschmack abwandeln.

In römischen Rezepten findet man oft Angaben wie »eine Handvoll« oder »ein Glas«, wir haben uns jedoch für genauere Mengenangaben entschieden. Vor allem bei Brot und Pizza raten wir dringend dazu, diese Mengen exakt einzuhalten.

Lesen Sie immer das ganze Rezept, bevor Sie zu kochen beginnen. Falls Vorbereitungen nötig sind, ist dies stets angegeben. Wir empfehlen beispielsweise fast immer, Fleisch und Fisch vor der Zubereitung zu salzen, damit das Salz Zeit hat, in das Gewebe einzudringen. Preiswerte, festere Zuschnitte und ganze Muskeln salzen Sie am besten schon einen Tag vorher, für kleinere Fleischstücke und Fische genügt eine Einwirkzeit von einigen Stunden.

Ins Kochwasser für Pasta geben Sie etwa so viel Salz, dass sein Salzgehalt dem von Meerwasser entspricht (ca. 1 TL Salz pro Liter Wasser).

Wie schon erwähnt, ist Pecorino Romano recht salzig. Probieren Sie ihn vor der Verwendung in Rezepten, und salzen Sie sparsam. Wir geben beispielsweise gar kein Salz an *Supplì Cacio e Pepe* (Seite 40) und salzen das Wasser für *Cacio e Pepe* (Seite 74) nur schwach.

Pasta und Reis

Die meisten unserer Pastarezepte sind so bemessen, dass von einem Pfund Pasta vier bis sechs Personen satt werden. In Rom isst man mehrere Gänge: zuerst *primo* (meist Pasta oder Suppe), dann *secondo* (Fleisch oder Fisch). Wenn Sie ebenso verfahren, genügen 500 g Pasta für sechs Personen. Als Hauptgericht reicht die Menge für vier Esser.

Garen Sie die Pasta gemäß Rezeptempfehlung. Al dente bedeutet, dass sie noch etwas Biss hat, der innere Kern sollte also noch etwas Festigkeit besitzen. Am besten probieren Sie zwischendurch. Reis ist al dente, wenn der Kern noch leicht weißlich ist. Für *Bombolotti all'Amatriciana* (Seite 77), *Amatriciana Estiva* (Seite 79), *Spaghetti alla Gricia di Claudio Gargioli* (Seite 76) und *Pomodori con Riso* (Seite 159) sollen Pasta oder Reis nur knapp al dente gekocht werden. In Rom nennt man das *al chiodo,* »wie ein Eisennagel«. Manchmal werden Pasta oder Reis nur halb gegart, weil sie in einem zweiten Arbeitsgang nachgaren. In *Amatriciana*-Rezepten wird beispielsweise viel Flüssigkeit zur Sauce gegeben, und die Pasta saugt diese auf. Sie soll erst nach dem zweiten Zubereitungsschritt al dente sein.

Backen

Sofern nichts anderes angegeben ist, werden unsere Teige für Brot und Pizza von Hand hergestellt. Wir stellen die Grundtechniken vor. Weil die Feuchtigkeitsaufnahme von Mehlen unterschiedlich sein kann, dürfen Sie die Rezepte in diesem Fall entsprechend abwandeln.

Bei hoher Temperatur geht Hefeteig schnell auf, aber der Geschmack kann leiden. Bei niedriger Temperatur entfaltet sich der Geschmack besser, darum empfehlen wir, den Teig vor dem Backen im Kühlschrank gehen zu lassen. Wenn wir von Zimmertemperatur sprechen, meinen wir römische Verhältnisse, also etwa 21,5–25 °C. Eventuell müssen Sie die Heizung entsprechend regulieren, um unsere Teige zuzubereiten.

In den Rezepten finden Sie Querverweise auf dieses Anfangskapitel, damit Sie bei Bedarf schnell nachschlagen können. Mit diesem Wissen, Ihrer Küchenausstattung und Neugier auf die historische Stadt können Sie sich nun in das Geschmackserlebnis Rom stürzen.

PANE NOCI
€ 10.00 KG
romeo
PANE OLIVE CASARECCIO
€ 4.00 KG
PANE INTEGRALE
PANE IN CASSETTA
romeo
PANE SEGALE
romeo
€ 8.00

SNACKS, VORSPEISEN, UND STREET FOOD

Römische Snacks sind leicht und gut verdaulich – und das, obwohl sie oft frittiert sind. Die Portionen sind klein und werden »to go« an Ständen und Imbissbuden verkauft. Vorspeisen dagegen werden im Restaurant serviert und sollen den Gaumen auf die kommenden Genüsse vorbereiten. In diesem Kapitel finden Sie traditionelle Kleinigkeiten wie *Supplì classici* (Seite 38) oder *Fave, Pecorino, e Corallina* (Seite 56), aber auch moderne Variationen bekannter Gerichte, darunter *Supplì Cacio e Pepe* (Seite 40) und *Crostini con Burro e Alici* (Seite 62).

supplì classici

KLASSISCHE REISKROKETTEN

RISOTTO und andere Reisgerichte sind in vielen Gebieten Italiens beliebt, spielen in der römischen Küche aber keine große Rolle. Möglicherweise sind *supplì*, Reiskroketten, ein Import. Manche meinen, der Name leitet sich von dem französischen Wort *surprise* ab, und das Rezept sei mit Napoleons Truppen im frühen 19. Jahrhundert nach Rom gekommen. Woher sie auch stammen mögen, heute werden *supplì* überall in Rom in Pizzerias und an Pizza-Ständen verkauft. Meist handelt es sich aber um Tiefkühlware aus Industrieproduktion mit einer orangerot leuchtenden Kruste und einer Füllung aus Fleischsauce und Mozzarella. Für die klassische, selbst gemachte Version werden statt Rindfleisch Hühnerinnereien verwendet, oft auch Wurstreste. Besonders gut schmecken sie im Supplìzio und im L'Arcangelo. Beide Restaurants gehören Arcangelo Dandini, Roms unbestrittenem *supplì*- und Gnocchi-Meister. Unter der knusprigen Kruste befindet sich eine zarte Masse aus Reis, Hühnerleber und Schweinswurst in einer tomatigen Sauce und als »Überraschung« etwas geschmolzener Mozzarella in der Mitte. Unsere Version und die von Arcangelo basieren auf einem Rezept von Ada Boni aus ihrem berühmten Kochbuch *Il talismano della felicità* (Der Talisman des Glücks).

***Ergibt 10* supplì**

2 EL natives Olivenöl extra

90 g frische Schweinswurst, Darm entfernt

½ Zwiebel, fein gehackt

90 g Hühnerleber, fein gehackt

220 g Arborio-Reis

250 ml Weißwein

500 ml Rinderbrühe, erhitzt

250 g Tomatensauce, erhitzt

3–4 frische Basilikumblätter (nach Belieben)

Eine große Servierplatte oder ein Backblech mit Backpapier auslegen.

Das Olivenöl in einem mittelgroßen Topf auf mittlerer Stufe erhitzen. Wenn das Öl zu schimmern beginnt, die Wurstmasse zugeben und 3 Minuten hellbraun anbraten, dabei mit einem Kochlöffel in kleine Stücke zerdrücken. Die Zwiebel zugeben und etwa 10 Minuten weich und glasig dünsten. Die Hühnerleber zufügen und 5 Minuten mitbraten, dabei mit dem Kochlöffel zerkleinern. Den Reis sorgfältig unterrühren und unter ständigem Rühren 2 Minuten mitdünsten, bis er glasig wird. Dann den Wein zugießen. Unter ständigem Rühren köcheln lassen, bis der Alkohol verdampft ist, dann die Hälfte der Brühe zugießen. Etwa 3 Minuten köcheln lassen, bis der Reis die Brühe aufgesogen hat, dabei ständig rühren, damit er nicht anbrennt. Die Tomatensauce zufügen und unter ständigem Rühren weitere 5 Minuten köcheln lassen, bis auch sie aufgesogen ist. Die Hälfte der restlichen Brühe zugießen

80 g Pecorino Romano, frisch gerieben

1 EL Butter

Meersalz und frisch gemahlener schwarzer Pfeffer

125 g Weizenmehl (Type 405)

2 große Eier

125 g Semmelbrösel

90 g Mozzarella, in 10 gleich große Stücke geschnitten

geschmacksneutrales Öl (Seite 27) zum Frittieren

Die Rinderbrühe auf dem Herd sehr heiß halten, damit der Kochvorgang nicht unterbrochen wird, wenn sie zum Reis gegeben wird. Aus demselben Grund muss auch die Tomatensauce vor der Zugabe erwärmt werden.

---

und unter ständigem Rühren 8–10 Minuten köcheln lassen. Falls nötig, auch die restliche Brühe zufügen. Garen, bis der Reis al dente ist (Seite 34).

Den Topf vom Herd nehmen und Basilikum, falls verwendet, Pecorino und Butter einrühren. Mit Salz und Pfeffer abschmecken. Den Reis auf dem vorbereiteten Backblech verteilen und 1 Stunde in den Kühlschrank stellen.

Inzwischen die Panade vorbereiten. Das Mehl in einen tiefen Teller geben. Die Eier in einer mittelgroßen Schüssel verquirlen. Die Semmelbrösel in einen zweiten tiefen Teller geben. Mehl, Eier und Semmelbrösel leicht salzen.

Das Backblech aus dem Kühlschrank nehmen. Aus der Reismasse zehn eiförmige Kroketten gleicher Größe formen. Jeweils eine in die Handfläche legen und in der Mitte eindrücken. Ein Stück Mozzarella in die Vertiefung legen und die Masse darüber wieder zusammendrücken. Wenn die Masse nicht gut zusammenhält, nach dem Formen weitere 30 Minuten in den Kühlschrank stellen.

Die *supplì* nacheinander im Mehl wälzen, überschüssiges Mehl abschütteln. Dann im verquirlten Ei wenden und abtropfen lassen, zuletzt in den Semmelbröseln wenden. Diesen Vorgang wiederholen, falls die Kruste dicker werden soll.

In eine mittelgroße Pfanne mit hohem Rand oder in einen Gusseisentopf 5 cm hoch Öl einfüllen und auf 180 °C erhitzen. Die *supplì* portionsweise 3–4 Minuten goldbraun frittieren, zwischendurch einmal wenden.

Auf Küchenpapier abtropfen lassen, mit Salz bestreuen und heiß servieren.

supplì cacio e pepe

REISKROKETTEN MIT PECORINO ROMANO UND SCHWARZEM PFEFFER

IN ROM waren *Supplì classici* (Seite 38) etwa 100 Jahre lang ein Standardgericht, aber in der letzten Zeit sind neue Variationen entstanden. Spitzen-Pizzerias wie Sforno, Tonda und Pizzarium waren die ersten, die mit außergewöhnlichen Gewürzen experimentiert und so die Weichen für die Entwicklung moderner Kreationen gestellt haben. Einige verwenden statt Reis sogar Pasta. Diese Variation knüpft an das klassische Pastagericht *Cacio e Pepe* (Seite 74) an und ist ein pfeffriger Snack, der ganz der modernen Geschmackswelt Roms entspricht. Schwarzer Pfeffer, der heute eine so wichtige Rolle in der *cucina romana* spielt, wurde erst im 20. Jahrhundert allgemein gebräuchlich. Vorher war er ein kostspieliger Luxus.

***Ergibt 10* supplì**

2 EL natives Olivenöl extra

½ Zwiebel, fein gehackt

220 g Arborio-Reis

250 ml Weißwein

750 ml Hühner- oder Gemüsebrühe, erhitzt

95 g Pecorino Romano, frisch gerieben

1 TL frisch gemahlener schwarzer Pfeffer, nach Geschmack mehr

1 EL Butter

Meersalz

125 g Weizenmehl (Type 405)

2 große Eier

125 g Semmelbrösel

90 g Mozzarella, in 10 gleich große Stücke geschnitten

geschmacksneutrales Öl (Seite 27) zum Frittieren

Eine große Servierplatte oder ein Backblech mit Backpapier auslegen.

Das Olivenöl in einem mittelgroßen Topf auf mittlerer Stufe erhitzen. Wenn das Öl zu schimmern beginnt, die Zwiebel zugeben und etwa 10 Minuten weich und glasig dünsten. Den Reis zugeben und gut unterrühren, dann unter ständigem Rühren 2 Minuten mitdünsten, bis er glasig wird. Den Wein zugießen und etwa 1 Minute kochen, bis der Alkohol verdampft ist, dann 250 ml Brühe zugeben. 3 Minuten köcheln lassen, bis der Reis die Brühe aufgesogen hat. Dabei ständig rühren, damit der Reis nicht ansetzt. Weitere 250 ml Brühe zufügen und unter ständigem Rühren 5 Minuten köcheln lassen, bis der Reis sie aufgenommen hat. Falls nötig, weitere Brühe kellenweise zugeben und unter ständigem Rühren köcheln lassen, bis der Reis bissfest ist (Seite 34). Eventuell wird nicht die ganze Brühe verbraucht.

Den Topf vom Herd nehmen. Pecorino, Pfeffer und Butter gut unterrühren. Den Reis auf dem vorbereiteten Backblech verteilen und 1 Stunde in den Kühlschrank stellen.

Inzwischen die Panade vorbereiten. Das Mehl in einen tiefen Teller geben. Die Eier in einer mittelgroßen Schüssel verquirlen. Die Semmelbrösel in einen zweiten tiefen Teller geben.

Die Panade diesmal nicht salzen, denn Pecorino und Pfeffer geben dem Ganzen genug Würze.

Das Backblech aus dem Kühlschrank nehmen. Aus der Reismasse zehn eiförmige Kroketten gleicher Größe formen. Jeweils eine in die Handfläche legen und in der Mitte eindrücken. Ein Stück Mozzarella in die Vertiefung legen und die Masse darüber wieder zusammendrücken. Wenn die Masse nicht gut zusammenhält, nach dem Formen weitere 30 Minuten in den Kühlschrank stellen.

Die *supplì* nacheinander im Mehl wälzen, überschüssiges Mehl abschütteln. Dann im verquirlten Ei wenden und abtropfen lassen, zuletzt in den Semmelbröseln wenden. Diesen Vorgang wiederholen, falls die Kruste dicker werden soll.

In eine mittelgroße Pfanne mit hohem Rand oder in einen Gusseisentopf 5 cm hoch Öl einfüllen und auf 180 °C erhitzen. Die *supplì* portionsweise 3–4 Minuten goldbraun frittieren, zwischendurch einmal wenden.

Auf Küchenpapier abtropfen lassen und heiß servieren.

supplì radicchio e gorgonzola

REISKROKETTEN MIT RADICCHIO UND GORGONZOLA

ZARTBITTERER RADICCHIO und pikanter Gorgonzola sind Zutaten, die sich von Norditalien aus über die ganze Halbinsel ausgebreitet haben. In Rom werden sie gern auf Pizza oder in Pastagerichten kombiniert. Diese *supplì*-Variation profitiert ebenfalls von dem schönen Geschmacks- und Farbkontrast der beiden Zutaten. Der Reis verbindet sich mit dem cremigen Käse, der milden Zwiebel und dem bitteren Radicchio zu einer rotvioletten Spielart der *Supplì classici* (Seite 38).

***Ergibt 10* supplì**

2 EL natives Olivenöl extra

½ Zwiebel, fein gehackt

220 g Arborio-Reis

250 ml Rotwein

750 ml Hühner- oder Gemüsebrühe, erhitzt

300 g Radicchio, fein gehackt

100 g Gorgonzola, in kleine Stücke geschnitten

3 EL frisch geriebener Parmigiano Reggiano

frisch gemahlener schwarzer Pfeffer

1 EL Butter

Meersalz

125 g Weizenmehl (Type 405)

2 große Eier

125 g Semmelbrösel

90 g Mozzarella, in 10 gleich große Stücke geschnitten

geschmacksneutrales Öl (Seite 27) zum Frittieren

Eine Servierplatte oder ein Backblech mit Backpapier auslegen.

Das Olivenöl in einem mittelgroßen Topf auf mittlerer Stufe erhitzen. Wenn das Öl zu schimmern beginnt, die Zwiebel zugeben und etwa 10 Minuten weich und glasig dünsten. Den Reis zugeben und gut unterrühren, dann unter ständigem Rühren 2 Minuten mitdünsten, bis er glasig wird. Den Wein zugießen und etwa 1 Minute kochen, bis der Alkohol verdampft ist, dann 250 ml Brühe zugeben. 3 Minuten köcheln lassen, bis der Reis die Brühe aufgesogen hat. Dabei ständig rühren, damit der Reis nicht ansetzt. Den Radicchio und weitere 250 ml Brühe zufügen und unter ständigem Rühren 5 Minuten köcheln lassen, bis der Reis sie aufgenommen hat. Falls nötig, weitere Brühe zugeben und unter ständigem Rühren köcheln lassen, bis der Reis al dente ist (Seite 34). Eventuell wird nicht die ganze Brühe verbraucht.

Den Topf vom Herd nehmen. Gorgonzola, Parmigiano Reggiano, Pfeffer und Butter zugeben und gut verrühren. Mit Salz und Pfeffer abschmecken. Den Reis auf dem vorbereiteten Backblech verteilen und 1 Stunde in den Kühlschrank stellen.

Inzwischen die Panade vorbereiten. Das Mehl in einen tiefen Teller geben. Die Eier in einer mittelgroßen Schüssel verquirlen. Die Semmelbrösel in einen zweiten tiefen Teller geben. Mehl, Eier und Semmelbrösel mit Salz würzen.

Das Backblech aus dem Kühlschrank nehmen. Aus der Reismasse zehn Kroketten gleicher Größe formen. Jeweils eine in die Handfläche legen und in der Mitte eindrücken. Ein Stück Mozzarella in die Vertiefung legen und die Masse darüber zusammendrücken.

Wenn die Masse nicht gut zusammenhält, nach dem Formen weitere 30 Minuten in den Kühlschrank stellen.

Die *supplì* nacheinander im Mehl wälzen, überschüssiges Mehl abschütteln. Dann im verquirlten Ei wenden und abtropfen lassen, zuletzt in den Semmelbröseln wenden. Diesen Vorgang wiederholen, falls die Kruste dicker werden soll.

In eine mittelgroße Pfanne mit hohem Rand oder in einen Gusseisentopf 5 cm hoch Öl einfüllen und auf 180 °C erhitzen. Die *supplì* portionsweise 3–4 Minuten goldbraun frittieren, zwischendurch einmal wenden.

Auf Küchenpapier abtropfen lassen und heiß servieren.

cazzimperio

ROHKOST

CAZZIMPERIO (auch bekannt als *pinzimonio*) sagt viel über die Beziehung der Römer zu rohem Gemüse aus. Woanders bekommt man Karottenstifte oder Selleriestangen mit einem dicken, cremigen Dip. In Rom dagegen serviert man zum Dippen meistens hochwertiges grünes Olivenöl aus den Anbaugebieten der Umgebung. *Cazzimperio* schmeckt am besten mit extrafeinem Olivenöl aus der Sabina, einer Region im nördlichen Lazio, die für ihre saisonalen Öle berühmt ist. Ersatzweise können Sie ein anderes gutes, ungefiltertes natives Olivenöl mit kräftigem, klarem Geschmack verwenden.

Für 4 bis 6 Personen

60 ml natives Olivenöl extra

½ TL Meersalz

¼ TL frisch gemahlener schwarzer Pfeffer

3 Karotten, längs geviertelt und in 10 cm lange Stücke geschnitten

3 Selleriestangen, längs halbiert und in 10 cm lange Stücke geschnitten

1 Romana-Salatherz, in Blätter zerteilt

2 Knollen Fenchel, in dicke Scheiben geschnitten

12 Radieschen

Olivenöl, Salz und Pfeffer in einer kleinen Schüssel verrühren.

Das rohe Gemüse auf einer Servierplatte anrichten. Das gewürzte Olivenöl separat dazu servieren.

torta rustica

HERZHAFTE PASTETE

TORTE RUSTICHE werden oft in römischen Weinbars angeboten, sind aber auch in Bäckereien zu bekommen. Die Gemüsefüllung kann je nach Jahreszeit variieren. Für dieses Rezept werden Karotten und andere Gemüsearten verwendet, die in der Umgebung Roms angebaut werden. In Rom wird diese herzhafte Köstlichkeit oft an Tischen im Freien zu einem Prosecco oder einem kalten Bier serviert, manchmal auch als Vorspeise oder sogar als Hauptgericht. Den knusprigen Blätterteig können Sie selbst zubereiten oder fertig kaufen.

Ergibt 1 **torta rustica**, *für 6 bis 8 Personen*

1 TL Meersalz, plus etwas mehr für das Wasser

500 g frischer Blattspinat

500 g Mangold

125 g Löwenzahnblätter

2 EL natives Olivenöl extra

1 Zwiebel, grob gehackt

3 EL frisch gehackte glatte Petersilie

½ Karotte, fein geraspelt

225 g Ricotta

150 g Parmigiano Reggiano, frisch gerieben

4 große Eier

frisch gemahlener schwarzer Pfeffer

500 g Blätterteig, selbst gemacht (Seite 186) oder Fertigprodukt

Weizenmehl (Type 405) zum Bestäuben

In einem großen Topf Wasser mit etwas Salz auf hoher Stufe zum Kochen bringen. Wenn sich das Salz aufgelöst hat, Spinat, Mangold und Löwenzahnblätter 1 Minute blanchieren, bis die Stängel weich sind. Abgießen und etwa 20 Minuten abkühlen lassen. Das Gemüse gründlich ausdrücken und sehr fein hacken.

Das Olivenöl in einer großen Pfanne auf mittlerer Stufe erhitzen. Wenn das Öl zu schimmern beginnt, die Zwiebel zugeben und etwa 10 Minuten weich und glasig dünsten. Das gehackte Gemüse zugeben und 15 Minuten mitdünsten, bis es gar und dunkelgrün ist.

Die Gemüsemischung in eine große Schüssel geben. Petersilie, Karotte, Salz, Ricotta, Parmigiano Reggiano, 3 Eier und Pfeffer nach Geschmack zugeben, gut verrühren und beiseitestellen.

Den Backofen auf 200 °C vorheizen. Eine runde, nicht zu hohe Backform (20 cm Ø) mit Backpapier auslegen.

Das restliche Ei in einer kleinen Schüssel leicht verquirlen und beiseitestellen.

Ein Drittel des Blätterteigs beiseitestellen. Den restlichen Teig auf einer leicht bemehlten Arbeitsfläche zu einem 25 cm großen Kreis ausrollen. Den Teig in die vorbereitete Form legen, gut andrücken und eventuell überstehenden Rand mit einem Messer abschneiden. Die Gemüsemischung auf dem Teig verteilen und glatt streichen.

BITTE UMBLÄTTERN

Den restlichen Teig zu einem 25 cm x 15 cm großen Rechteck ausrollen und mit einem scharfen Messer oder Schneiderädchen in 12 Streifen von etwa 1 cm Breite schneiden. Die Streifen gitterartig auf die Füllung legen, überstehende Enden abschneiden und das Gitter am Rand gut am Teigboden andrücken. Das Gitter mit dem verquirlten Ei einpinseln.

Im vorgeheizten Ofen 40–45 Minuten backen, bis der Teig goldbraun ist.

Die *torta rustica* aus dem Ofen nehmen und vor dem Servieren mindestens 30 Minuten ruhen lassen. Auf Raumtemperatur servieren. Abgedeckt hält sie sich 2 Tage im Kühlschrank, sollte aber 1 Stunde vor dem Servieren herausgenommen werden.

Ein Teiggitter legen: 6 Teigstreifen parallel und in gleichmäßigen Abständen auf die Füllung legen. Jeden zweiten Streifen vorsichtig um drei Viertel seiner Länge zurückklappen.

Nun an der Höhe, auf der die Teigstreifen zurückgeklappt sind, einen weiteren Streifen rechtwinklig zu den ersten auf die Füllung legen. Die Streifen der ersten Lage auf diesen legen. Einen weiteren Streifen rechtwinklig zu den ersten auf diese legen, dann die Streifen wieder zurückfalten.

Mit den restlichen Streifen ebenso verfahren. So entsteht ein Flechtmuster.

Die Streifen am Rand der Form abschneiden. Ihre Unterseiten mit etwas Wasser anfeuchten und an den Rand des Teigbodens drücken.

cacio cavallo
con ragú €2,50
alla vaccinara

5 Stagioni
MILLED IN ITALY
TRAPIZZINO®

TRAPIZZINO®

TRAPIZZINO

Als Stefano Callegari 2009 in seinem Pizza-Kiosk das *trapizzino* erfand, ist ihm eine perfekte Mischung aus traditionellem Geschmack und neuer Form gelungen. Er backt aus luftigem *Pizza bianca*-Hefeteig (Seite 175) Dreiecke, schneidet sie an einer Seite auf und füllt sie mit herzhaften Klassikern der *cucina romana*.

Die Bezeichnung *trapizzino* setzt sich aus Namen zweier beliebter Snacks zusammen: *tramezzino* und *pizza*. Überall in den Cafés bekommt man dreieckige Sandwiches aus Weißbrot, die *tramezzini* genannt werden. Sie werden in einem Panini-Toaster geröstet und am späten Vormittag oder am Nachmittag als Snack genossen. »Pizza auf die Hand« wird auf rechteckigen Blechen gebacken und nach Gewicht verkauft. Sie ist der Klassiker des römischen Fast Foods. Die Römer haben Callegaris *trapizzino* begeistert angenommen, nicht nur weil sie köstlich schmecken, sondern weil sie zwei vertraute kulinarische Konzepte verbinden. Das macht es den traditionsbewussten Einheimischen leicht, sich auf etwas Neues einzulassen. Sie bekommen den Geschmack, den sie erwarten, aber in einer praktischen neuen Verpackung, die zum heutigen schnellen Lebensstil passt.

Als cleverer Geschäftsmann war sich Callegari bewusst, dass die Römer vertraute Geschmacksrichtungen bevorzugen. So wählte er Füllungen, die der lokalen Esskultur entsprechen, beispielsweise *Lingua in Salsa verde* (Seite 139), *Pollo alla romana* (Seite 89) und *Coda alla vaccinara* (Seite 147), die normalerweise als Hauptgerichte in Restaurants serviert werden. Viele Füllungen seiner *trapizzini* enthalten Innereien, denn der Snack wurde in Testaccio (Seite 132) erfunden, einem Stadtteil, der für das sogenannte *quinto quarto* (»fünftes Viertel«) bekannt ist. Callegari beschränkt sich bei seinen Füllungen aber nicht auf traditionelle römische Gerichte. *Zighini* beispielsweise ist ein pikantes Rindfleisch-Schmorgericht aus Ostafrika, das auf die seit Langem bestehenden Einwanderergemeinden aus Äthiopien, Eritrea und Somalia zurückgeht. Insgesamt aber bringt seine *trapizzino*-Auswahl die typischen Geschmacksrichtungen Roms – die einheimischen und die importierten – perfekt auf den Punkt.

polpette di bollito

FRITTIERTE HACKFLEISCHBÄLLCHEN

DER BEGRIFF *polpette* (Fleischklößchen) umfasst eine Vielzahl kugelrunder Snacks mit und ohne Fleisch. *Polpette di bollito* gehören zur ersten Kategorie und sind eine traditionelle Form, Reste von gekochtem Fleisch zu verwerten. Das Fleisch wird zerkleinert und geformt, dann paniert und frittiert. Dieses Rezept stammt von Cesare in der »Trattoria Casaletto«, die im Stadtviertel Gianicolense liegt und sich auf frittierte Vorspeisen spezialisiert hat. Wer die *polpette* nach Cesares Art servieren will, gibt einen Löffel *Salsa verde* (Seite 139) dazu. Alternativ können Sie sie mit einer Zitronenspalte servieren: Die Säure macht das Fett bekömmlicher. Salzen Sie das Fleisch etwa 24 Stunden – mindestens jedoch 4 Stunden – vor der Zubereitung, am besten mit grobkörnigem Salz.

***Ergibt 20* polpette**

500 g Rindfleisch (Vorderhesse oder Reste), Bindegewebe entfernt, vorher 4–24 Stunden gesalzen

250 ml trockener Weißwein

3 Karotten

2 Zwiebeln

10 ganze schwarze Pfefferkörner

2 ganze Gewürznelken

1 Kartoffel, geschält, gekocht und gewürfelt

100 g Mortadella, in Streifen geschnitten

45 g Parmigiano Reggiano, frisch gerieben

2 EL fein gehackte glatte Petersilie

4 große Eier

125 g Weizenmehl (Type 405)

125 g feine Semmelbrösel

Meersalz

Das gesalzene Fleisch in einen großen Topf geben. Mit kaltem Wasser bedecken und auf mittlerer Stufe bis zum Siedepunkt erhitzen. Aufsteigenden Schaum zwischendurch abschöpfen. Wein, Karotten, Zwiebeln, Pfefferkörner und Gewürznelken zufügen und alles bei niedriger Temperatur 1 ½–2 Stunden köcheln lassen, bis das Fleisch gar ist.

Das Fleisch auf einen Teller oder ein Schneidebrett legen. Die Brühe durch ein feines Sieb gießen und auffangen, die Siebrückstände werden nicht verwendet. Die Brühe für *Supplì classici* (Seite 38), *Simmenthal di Coda* (Seite 144) oder ein anderes Gericht aufbewahren. Das Fleisch mit zwei Gabeln oder einer Küchenzange in kleine Stücke zupfen, dann in einen Mixer geben. Kartoffel und Mortadella zufügen und alles zerkleinern. Wenn die Masse trocken aussieht, esslöffelweise aufgefangene Brühe zugeben. Die Masse soll die Konsistenz einer groben Paste haben, also noch einige kleine Stücke enthalten. In eine mittelgroße Schüssel umfüllen. Parmigiano Reggiano, Petersilie und 2 Eier zugeben und alles mit den Händen oder einem Kochlöffel gut vermengen. Abschmecken und für etwa 1 Stunde in den Kühlschrank stellen, damit sich die Masse besser verarbeiten lässt.

Inzwischen die Panade vorbereiten: Das Mehl in einen tiefen Teller geben. Die übrigen Eier in einer mittelgroßen Schüssel verquirlen. Die Semmelbrösel in einen zweiten tiefen Teller geben. Mehl, Eier und Semmelbrösel mit Salz würzen. Beiseitestellen.

geschmacksneutrales Öl (Seite 27) zum Frittieren

In eine mittelgroße Pfanne (vorzugsweise Gusseisen) mit hohem Rand 5 cm hoch geschmacksneutrales Öl einfüllen und auf 180 °C erhitzen. Die Klößchen portionsweise darin 3–4 Minuten frittieren, bis sie eine schöne goldbraune Kruste haben. Zwischendurch wenden, damit sie gleichmäßig bräunen, und nicht zu viele Klöße pro Portion frittieren.

Auf Küchenpapier abtropfen lassen, mit Salz bestreuen und heiß servieren.

Verwenden Sie möglichst einen relativ trockenen Mozzarella. Sehr feuchten Mozzarella auf ein engmaschiges Küchengitter legen, mit Backpapier abdecken, beschweren (zum Beispiel mit einer Gusseisenpfanne) und 1–2 Stunden abtropfen lassen. Anstelle von Kuhmilch-Mozzarella können Sie auch Mozzarella aus Büffelmilch verwenden.

’nduja in carrozza

FRITTIERTER MOZZARELLA MIT ’NDUJA

TRADITIONELL werden für *mozzarella in carrozza* Scheiben von Mozzarella zwischen Brotscheiben gelegt, dann paniert und in der Pfanne gebraten. Kinder finden diesen Snack unwiderstehlich, und auch Erwachsene mögen ihn. Er ist die römische Antwort auf gegrillten Käse. Der legendäre Bäcker Gabriele Bonci, Inhaber des berühmten Pizza-Ladens Pizzarium, erfindet immer wieder neue Variationen für traditionelle Speisen. Seine *’nduja in Carrozza* ist ein Paradebeispiel für seine Herangehensweise. Bonci lässt die Brotscheiben ganz weg und füllt stattdessen die Mozzarellascheiben mit *’nduja*, einer streichfähigen, pikanten Salami aus Kalabrien. Danach werden die Mozzarellascheiben paniert und frittiert. Beißt man hinein, vermischt sich das rötliche, scharfe Fett der Wurst mit dem cremig geschmolzenen Käse. Salami aus Süditalien mag vordergründig nicht nach Rom gehören, andererseits stammen etwa 400 000 Römer von kalabrischen Familien ab. *’Nduja* ist gelegentlich außerhalb Italiens zu bekommen, ersatzweise kann aber auch ein anderes pikantes Schweinefleischprodukt verwendet werden, beispielsweise dünne Scheiben von scharfer *capicola* oder fein gehackte Stückchen von *soppressata.*

***Ergibt 6* ’nduja in carrozza**

390 g Mozzarella, in 12 Scheiben geschnitten

2 EL *’nduja*

125 g Weizenmehl (Type 405)

2 große Eier

125 g Semmelbrösel

Meersalz und frisch gemahlener schwarzer Pfeffer

geschmacksneutrales Öl (Seite 27) zum Frittieren

Die Mozzarellascheiben trocken tupfen. 6 Scheiben auf einer Seite mit je 1 Teelöffel *’nduja* bestreichen, dann die restlichen 6 Scheiben darauflegen, sodass 6 »Sandwiches« entstehen. Beiseitestellen.

Die Panade vorbereiten: Das Mehl in einen tiefen Teller geben. Die Eier in einer mittelgroßen Schüssel verquirlen. Die Semmelbrösel in einen zweiten tiefen Teller geben. Mehl, Eier und Semmelbrösel mit Salz und Pfeffer würzen.

Jedes »Sandwich« im Mehl wälzen, überschüssiges Mehl abschütteln. Dann im verquirlten Ei wenden und abtropfen lassen, zuletzt in den Semmelbröseln wenden. Diesen Vorgang wiederholen, damit die Kruste dicker wird und der Käse beim Frittieren nicht ausläuft. Beiseitestellen.

In eine mittelgroße Pfanne (vorzugsweise Gusseisen) mit hohem Rand 5 cm hoch geschmacksneutrales Öl einfüllen und auf 180 °C erhitzen. Die »Sandwiches« portionsweise goldbraun frittieren, zwischendurch wenden, damit sie gleichmäßig bräunen.

Auf Küchenpapier abtropfen lassen, mit Salz bestreuen und heiß servieren.

fave, pecorino, e corallina

DICKE BOHNEN MIT PECORINO UND SALAMI

IN ITALIEN ist der 1. Mai, der Tag der Arbeit, auch ein Feiertag. In Rom geht man dann entweder ins Konzert oder zu den Versammlungen der Linken, die vor der Kathedrale San Giovanni in Laterano stattfinden, oder man fährt aufs Land. Traditionell gehören zum Festtagsessen frische dicke Bohnen in ihren Hülsen. Dazu gibt es keilförmige Stücke Pecorino, einem pikant-salzigen Käse aus Schafsmilch. Diese klassische Kombination ist über alle politischen Färbungen erhaben. Wir mögen dazu auch gern *corallina*, denn die pfeffrige Salami gehört zu den Frühlingsklassikern der römischen Küche. Das saisonale Trio wird auf einer einfachen Platte serviert und mit den Händen gegessen. Dazu schmeckt ein leicht gekühlter Rotwein, am besten aus regionalen Rebsorten wie Cesanese, Nero Buono oder Montepulciano.

Für 4 bis 6 Personen

265–315 g Pecorino Romano

265–315 g *corallina* oder andere grobe Salami aus Schweinefleisch mit schwarzem Pfeffer

750 g frische dicke Bohnen in den Hülsen

Den Pecorino Romano mit einem Messer in mundgerechte Stücke zerteilen (nicht in Scheiben schneiden). Die Salamihaut entfernen und die Wurst quer in 1 cm dicke Scheiben schneiden. Käse und Salamischeiben auf einem Schneidebrett anrichten. Die dicken Bohnen kurz blanchieren, abschrecken und daneben aufhäufen.

Auf dem Brett servieren und mit den Händen essen.

filetti di baccalà

FRITTIERTE KABELJAUFILETS

URSPRÜNGLICH stammt *baccalà*, getrockneter und gesalzener Kabeljau, aus Nordeuropa. Er hat aber schon seit langer Zeit einen festen Platz in der römischen Küche. Obwohl die Stadt nahe am Tyrrhenischen Meer liegt, musste Fisch früher von weither importiert werden. *Baccalà* wird für verschiedene Rezepte verwendet, beispielsweise für Suppen und Eintöpfe, und er wurde von Angehörigen aller Glaubensrichtungen genossen. Die panierte, frittierte Variante mit dem Namen *filetti di baccalà* entstand im jüdischen Ghetto, wo sich die verarmte Bevölkerung oft an Straßenständen versorgte. Heute findet sich das Gericht auf den Speisekarten von Pizzerias und Restaurants und wird nur mit etwas Salz und Zitrone gewürzt.

Ergibt 12 **filetti di baccalà**

125 g Weizenmehl (Type 405) plus 40 g mehr zum Wälzen

1 großes Ei, getrennt

2 EL Weißwein

⅛ TL Meersalz, nach Geschmack auch mehr

500 g *baccalà* (Stockfisch), gewässert, abgespült und in 12 gleich große Stücke geschnitten

geschmacksneutrales Öl (Seite 27) zum Frittieren

1 Zitrone, in Spalten geschnitten

Vor der Verwendung den Fisch mit reichlich Wasser bedecken und 24 Stunden wässern, um das Salz zu entziehen. Zwischendurch das Wasser mindestens viermal wechseln, bis es (und damit der Fisch) nicht mehr salzig schmeckt.

In einer mittelgroßen flachen Schüssel 125 g Mehl, Eigelb, Wein, Salz und 250 ml Wasser zu einem glatten Teig verrühren. In einer zweiten mittelgroßen Schüssel das Eiweiß zu steifem Eischnee schlagen. Den Eischnee vorsichtig unter den Teig heben.

Den Fisch mit Küchenpapier trocken tupfen, salzen und im zusätzlichen Mehl wenden, überschüssiges Mehl abschütteln. Beiseitestellen.

In einer mittelgroßen Pfanne (vorzugsweise Gusseisen) mit hohem Rand 5 cm geschmacksneutrales Öl einfüllen und auf 180 °C erhitzen. Die Fischstücke mit einer Gabel in den Teig tauchen, abtropfen lassen und vorsichtig ins heiße Fett geben. Portionsweise etwa 5 Minuten frittieren.

Auf Küchenpapier abtropfen lassen, mit Salz bestreuen und sofort mit Zitronenspalten servieren.

fiori di zucca e pezzetti fritti

FRITTIERTE ZUCCHINIBLÜTEN MIT FRITTIERTEM OBST UND GEMÜSE DER SAISON

AN FEIERTAGEN werden in vielen Familien *pezzetti fritti*, frittierte Vorspeisen, serviert. Wenn Zucchini und Sommerkürbisse Saison haben, füllt man die männlichen Blüten *(fiori di zucca)* mit Mozzarella und Sardellen, tunkt sie in einen Backteig und frittiert sie. Der klassische römische Teig ist dickflüssig und versteckt seinen Inhalt. Wir schlagen einen leichteren Teig vor, der kalt gehalten werden muss, damit er perfekt gelingt.

Für 4 bis 6 Personen

FÜR DIE ZUCCHINIBLÜTEN

12 Zucchini- oder Sommerkürbisblüten, gesäubert, trocken getupft, Staubgefäße entfernt, Stängel auf 2,5 cm gekürzt

3 gesalzene Sardellen, filetiert (Seite 116), längs und quer halbiert

125 g Mozzarella, in 12 Stücke geschnitten

geschmacksneutrales Öl (Seite 27) zum Frittieren

Salz

FÜR DEN TEIG

250 g Mehl (Type 405)

1 Prise Meersalz

665 ml eiskaltes Mineralwasser mit Kohlensäure

OBST UND GEMÜSE DER SAISON

2 Äpfel, geschält, entkernt und in Spalten geschnitten

200 g Blumenkohlröschen

200 g Romanesco-Röschen

4 zarte, junge Artischocken (beliebige Sorte), geputzt und in 1 cm dicke Spalten geschnitten (Seite 167)

In jede Blüte 1 Stück Sardellenfilet und 1 Stück Mozzarella legen, dabei die Blütenblätter nicht beschädigen. Beiseitestellen.

In eine mittelgroße Pfanne (vorzugsweise Gusseisen) mit hohem Rand 5 cm hoch geschmacksneutrales Öl einfüllen und auf 180 °C erhitzen.

Inzwischen den Teig zubereiten: Eine große Schüssel mit eiskaltem Wasser füllen. Eine mittelgroße Schüssel hineinstellen. Mehl, Salz und Mineralwasser in der mittelgroßen Schüssel zu einem glatten Teig verrühren. Das Eiswasser in der äußeren Schüssel eventuell wechseln, damit der Teig immer gut gekühlt wird.

Die Blattspitzen der Blüten schließen, an den geschlossenen Spitzen festhalten und einzeln in den Teig tauchen, bis die gefüllten Blüten ganz umhüllt sind. Abtropfen lassen. Wichtig ist, dass auch die Spitzen mit Teig bedeckt sind. Nur so bleiben sie geschlossen. Die Blüten ins heiße Öl geben und portionsweise 2–3 Minuten goldgelb frittieren. Zwischendurch einmal wenden, damit sie gleichmäßig garen.

Auf Küchenpapier abtropfen lassen. Mit Salz bestreuen.

Äpfel, Blumenkohl, Romanesco und Artischocken ebenso in den Teig tauchen und portionsweise frittieren. Auf Küchenpapier abtropfen lassen und mit Salz bestreuen.

Die *fiori di zucca* und die *pezzetti fritti* sofort servieren.

Damit der Teig schön leicht und locker wird, muss die Temperatur des Frittieröls konstant sein. Beim Hineingeben der Blüten sinkt die Öltemperatur etwas, vor allem wenn zu viele gleichzeitig frittiert werden. Verwenden Sie ein Küchenthermometer, um die Temperatur zu überwachen.

olive marinate

MARINIERTE OLIVEN

WIR WERDEN oft gefragt, ob es Restaurants gibt, die römische Küche der Antike servieren. Eigentlich nicht. Wir finden es zwar spannend, in uralten Kochbüchern zu stöbern, doch nicht alles, was die alten Römer aßen, möchte man heute gern auf dem Tisch sehen – beispielsweise sicherlich nicht den Uterus einer sterilen Sau mit schwarzem Pfeffer und Honig. Unsere marinierten Oliven kommen allerdings heute so gut an wie vor 2000 Jahren. Für sie stand ein Rezept aus der Antike Pate. Aufgeschrieben hat es der römische Geschichtsschreiber Cato.

Ergibt 500 g Oliven

500 g Gaeta-Oliven

1 TL Koriandersamen

1 TL Kreuzkümmelsamen

1 TL Fenchelsamen

2 Knoblauchzehen, ungeschält

1 frischer Zweig Rosmarin

1 frischer Zweig Salbei

1 Lorbeerblatt

1 EL Weißweinessig

1 Prise *peperoncino*-Flocken oder rote Chiliflocken

500 ml natives Olivenöl extra

Am besten bereiten Sie die Oliven einen Tag früher zu und lassen Sie in dem Öl, in dem sie gegart wurden, durchziehen. Dadurch intensiviert sich das Aroma der Gewürze.

Die Oliven etwa 2 Stunden in reichlich Wasser legen, um ihnen überschüssiges Salz zu entziehen. Sie können verarbeitet werden, wenn sie nicht mehr stark salzig schmecken.

Den Backofen auf 135 °C vorheizen.

Die Oliven abgießen und in einer mittelgroßen Schüssel mit Koriander, Kreuzkümmel, Fenchel, Knoblauch, Rosmarin, Salbei, Lorbeerblatt, Essig und *peperoncino*-Flocken sorgfältig mischen, damit die Kräuter und Gewürze gleichmäßig verteilt werden.

Die Oliven in eine kleine Backform geben und mit dem Olivenöl übergießen. Die Oliven sollten nahezu bedeckt sein.

Mit Alufolie abdecken und 2 Minuten im vorgeheizten Ofen garen, zwischendurch umrühren.

Aus dem Ofen nehmen und etwa 1 Stunde abkühlen lassen. Durch ein Sieb gießen und das Öl auffangen, um damit Dressings zuzubereiten oder Fleisch und Pasta zu beträufeln. Die Oliven auf Raumtemperatur zu einem Aperitif servieren.

crostini con burro e alici

CROSTINI MIT BUTTER UND SARDELLEN

SALZIGE SARDELLEN und milde, süßliche Butter sind ein wunderbares Gespann. In Rom wird diese Mischung besonders gern zu Spaghetti serviert. Köstlich ist aber auch Toast mit einer dicken Schicht Sardellenbutter – am besten zu einem Glas Sekt oder einem Cocktail. Wir mögen besonders gern das knusprige Sauerteigbrot *pane di Lariano*, Sie können aber auch andere rustikale Brotsorten verwenden.

***Ergibt* 6 crostini**

6 dünne Scheiben Sauerteigbrot, getoastet

2 EL Butter

3 gesalzene Sardellen, gesäubert (Seite 116), filetiert und längs und quer halbiert

Jede Brotscheibe auf einer Seite mit Butter bestreichen. Je 2 Sardellenfiletstücke darauflegen und servieren.

Garnieren Sie die Crostini nach Wunsch mit dünnen Zitronenspalten. Durch die Säure wird das Fett bekömmlicher.

APERITIVO (GETRÄNKE UND SNACKS)

Die Römer trinken maßvoll, und es gilt als schlechtes Benehmen, betrunken in der Öffentlichkeit aufzutreten. Damit es bei einem leichten Schwips bleibt, wird zum Trinkgenuss immer etwas gegessen. In jeder Bar serviert man zu den alkoholischen Getränken etwas zum Knabbern. Wenn Sie einen Drink bestellen, bringt der Kellner unaufgefordert gesalzene Nüsse, Kartoffelchips, *Pizzette* (Seite 186) oder winzige Sandwiches – ohne Aufpreis.

In vielen Bars und Kneipen gibt es abends den *aperitivo* – eine Art Happy Hour auf Italienisch – bei dem man sich, wenn man einen Drink bestellt, am Büfett bedienen kann. Das Ritual des *aperitivo* ist aus Norditalien nach Rom gekommen und wurde dort begeistert aufgenommen. Vor allem in den Studentenvierteln San Lorenzo, Trastevere und Piazza Bologna ist die Konkurrenz groß, und viele Bars versuchen, die Kunden nicht mit Qualität, sondern mit Quantität zu locken, indem sie schlappe Rohkost und ganze Tröge mit Pasta und Couscous auffahren. Wir mögen zwar Pasta, aber die typischen *aperitivo*-Snacks finden wir nicht so spannend. Darum schlagen wir einige neue Variationen vor, die bestens zum Charakter der römischen Küche passen, wie beispielsweise *Torta rustica* (Seite 46), *Olive marinate* (Seite 61), *Crostini con Burro e Alici* (Seite 62), *Bruschette con Carciofi, Limone, e Pecorino Romano* (Seite 66) und *Pizzette*. Sie schmecken köstlich zu einem italienischen Bier (Seite 230), einem Aperitif oder einem unserer Cocktails (Seite 227–243).

bruschette con carciofi, limone, e pecorino romano

BRUSCHETTA MIT ARTISCHOCKE, ZITRONE UND PECORINO ROMANO

CARCIOFI ROMANESCHI bekommt man im Winter und im zeitigen Frühjahr überall auf den Märkten. Das römische Distelgewächs unterscheidet sich von den zahlreichen anderen Artischockensorten dadurch, dass es im Inneren kaum faserig ist. Obwohl das Angebot so groß ist, ist die Anzahl der Zubereitungsweisen gering. *Carciofi alla giudia* entstanden im jüdischen Ghetto. Hierfür werden die Artischocken geputzt, zweimal frittiert und mit Salz bestreut. *Carciofi alla romana* werden nach dem Putzen sanft mit Olivenöl, Knoblauch und Kräutern gegart, bis sie dunkel und zart sind. *Carciofi infarinati* werden in Spalten geschnitten, in Mehl gewendet und frittiert. Sie gehören zu den beliebten Vorspeisen in den Pizzerias von Rom. Hier präsentieren wir eine Variante des klassischen Rezepts für *carciofo alla romana.* Die gekochten Artischocken werden mit Zitrone und Pecorino Romano grob püriert und dann dick auf knuspriges Bauernbrot gestrichen.

Ergibt 10 **bruschette**

4 zarte junge Artischocken, geputzt (Seite 167)

Meersalz und frisch gemahlener schwarzer Pfeffer

30 ml natives Olivenöl extra

1 Knoblauchzehe, zerdrückt

½ Bund frische Minze

½ Bund frische glatte Petersilie

60 g Pecorino Romano, frisch gerieben

1 EL abgeriebene Bio-Zitronenschale, nach Geschmack auch mehr

1½ EL frisch gepresster Zitronensaft, nach Geschmack auch mehr

5 Scheiben Bauernbrot, halbiert und getoastet

Die geputzten Artischocken halbieren. Das Zitronenwasser, in dem sie eingelegt waren, aufbewahren. Das faserige Innere mit einem Teelöffel oder Melonenausstecher herausschaben und übrig gebliebene harte Blattspitzen abschneiden. Die Artischockenhälften längs nochmals halbieren.

Die geviertelten Artischocken und ihre geschälten Stiele in einen kleinen Topf geben. Nach Geschmack Salz und Pfeffer zufügen. Olivenöl, Knoblauch, Minze und Petersilie zugeben, dann 1 cm hoch Zitronenwasser einfüllen. Den Deckel auflegen und bei niedriger Hitze 20–25 Minuten kochen, bis die Artischocken gar sind. Zur Probe mit einer Gabel einstechen.

Die Artischocken in eine Schüssel geben und nach Belieben die Kochflüssigkeit mit Knoblauch und Kräutern darübergießen. Pecorino, Zitronenschale und Zitronensaft zugeben. Alles mit einer Gabel gut zerdrücken und eventuell mit Zitronensaft abschmecken.

Aufs Brot streichen, mit Pfeffer und nach Geschmack mit abgeriebener Bio-Zitronenschale bestreuen und sofort servieren.

KLASSIKER UND VARIATIONEN

Alle römischen Küchenchefs und Hausfrauen bereiten Gerichte wie *Cacio e Pepe* (Seite 74) oder *Involtini di Manzo* (Seite 99) zu, aber jeder und jede hat sein ganz persönliches Rezept. Wir präsentieren in diesem Kapitel klassische Gerichte im Stil unserer Lieblingsrestaurants, die sich durch kleine Extras und Besonderheiten aus der großen Masse herausheben. Manche Rezepte, darunter Vito Bernabeis *Porchetta* (Seite 103), wurden etwas abgewandelt, um sie in der heimischen Küche nachkochen zu können.

CARBONARA

IN JEDER KULTUR gibt es Rezepte, über die man diskutieren kann. Wer aber mit einem Römer über Carbonara spricht und dabei eine Zutat oder Technik erwähnt, die von dessen Vorstellungen abweicht, riskiert möglicherweise einen handfesten Streit. Dabei gibt es gar kein Originalrezept. Als Pasta werden normalerweise Spaghetti oder Rigatoni verwendet. Die meisten bevorzugen *Guanciale* (Seite 82), andere verwenden Pancetta. Gewürzt wird meist mit schwarzem Pfeffer, einige moderne Köche benutzen aber weißen. Rezepte mit Eigelb sind ebenso verbreitet wie Zubereitungen mit ganzen Eiern. Manche Köche verwenden nur Pecorino Romano, andere mischen ihn mit Parmigiano Reggiano.

Weil es kein »verbindliches« Rezept gibt, steht es jedem Koch frei, eine eigene Variante zu erfinden. Und so ist gerade in Rom die Carbonara zum Gegenstand spielerischer Experimente geworden. Heute gibt es nicht nur eine »Pizza carbonara« oder Ravioli mit einer Carbonara-Füllung, sondern sogar einen Cocktail namens *Carbonara Sour di Co.So.* (Seite 228). Puristen mag es beim bloßen Gedanken an diese Innovationen schaudern, aber das war vielleicht nicht anders, als Carbonara erstmals um die Mitte des 20. Jahrhunderts in der kulinarischen Szene auftauchte.

Die Ursprünge des Gerichts sind ebenso wenig bekannt wie ein verbindliches Rezept. Angeblich wurde Carbonara Ende der 1950er- oder Anfang der 1960er-Jahre erstmals in Rom serviert. Einer beliebten Geschichte zufolge wurde es nach dem Zweiten Weltkrieg von amerikanischen Soldaten erfunden, als sie ihre Speckrationen mit Eipulver mischten. Die Geschichte ist nett, aber schwer zu beweisen. Anderen Quellen zufolge geht das Gericht auf die *carbonari* (Köhler) zurück. Unser Freund, der Wissenschaftler Jeremy Parzen, hat eine andere Theorie: Im Italien des 19. und 20. Jahrhunderts hatte das Wort *carbonari* verschiedene Bedeutungen. Die *Carboneria* war ein napoleonischer Geheimbund, außerdem gibt es ein Rezept mit Speck und verquirltem Ei in einem neapolitanischen Kochbuch aus dem frühen 19. Jahrhundert. Bedeutet das nun, dass der Vorläufer der römischen Carbonara in Neapel erfunden wurde? Niemand weiß es, und darum verlaufen die Debatten über Zutaten und Herkunft umso hitziger.

Sicher ist, dass sich die Carbonara momentan in aufregender Weise verändert, weil mit neuen Techniken und Mengenverhältnissen experimentiert wird. Im Vergleich zu früher verwenden die heutigen Köche mehr *guanciale*, gießen dann aber ironischerweise einen Teil des ausgelassenen Speckfetts ab, damit das Gericht etwas leichter wird.

Unter den vielen Versionen, die uns schmecken, gefällt uns das Rezept vom Küchenchef im »Flavio al Velavevodetto« in Testaccio am besten. Was sonst eine mächtige Geschmacksbombe ist, kommt bei ihm leicht und elegant daher, weil er ganze Eier verwendet und an die dickliche Sauce einen Schuss Wasser gibt. Wir haben das Rezept so abgewandelt, dass es auch zu Hause leicht gelingt (die »Zabaione-Methode«). Wir stellen aber noch eine zweite Zubereitungsweise vor, damit Sie mit diesem beliebten Klassiker experimentieren können.

rigatoni alla carbonara nach art von flavio de maio

Für 4 bis 6 Personen

1 TL natives Olivenöl extra

220 g *Guanciale* (Seite 82), in etwa 2,5 cm x 1 cm große Stücke geschnitten

Meersalz

500 g Rigatoni

4 große Eier

185 g Pecorino Romano, frisch gerieben

frisch gemahlener schwarzer Pfeffer

METHODE I: DIE ZABAIONE-METHODE (WASSERBAD)

Das Olivenöl in einer kleinen Pfanne auf niedriger Stufe erhitzen. Wenn das Öl zu schimmern beginnt, den *guanciale* zufügen und unter ständigem Rühren etwa 8 Minuten goldbraun anbraten. Vom Herd nehmen. Den *guanciale* mit dem ausgelassenen Fett in der Pfanne abkühlen lassen. Falls nötig, einen Teil des Fetts abgießen und entsorgen oder für *Wodka al Guanciale* (Seite 228) verwenden.

Inzwischen in einem großen Topf reichlich Wasser mit etwas Salz auf hoher Stufe erhitzen, bis es sprudelnd kocht. Wenn sich das Salz aufgelöst hat, die Pasta zufügen und al dente garen (Seite 34). In einem zweiten großen Topf Wasser auf niedriger

BITTE UMBLÄTTERN

Die Sauce soll so flüssig sein, dass sie die Nudeln vollständig überzieht, aber dick genug, um an ihnen zu haften. Die Kunst besteht darin, die Eiermischung so zu erhitzen, dass sie eindickt, aber nicht zu Rührei wird. Wenn Sie eine Pfanne verwenden, sollte diese nicht beschichtet sein, aber die Hitze gleichmäßig leiten.

Stufe zum Köcheln bringen. In einer großen Edelstahlschüssel die Eier mit 125 g Pecorino, 1 Prise Pfeffer und 125 ml Wasser aufschlagen. Die Schüssel auf den Topf mit köchelndem Wasser stellen, dabei darf der Schüsselboden das Wasser nicht berühren. Die Eiermischung aufschlagen, bis sie so dick ist, dass sie die Rückseite eines Löffels überzieht. Die Schüssel vom Wasserbad nehmen. *Guanciale,* ausgelassenes Fett und bissfeste Nudeln zufügen und gründlich mischen.

Auf Teller verteilen, mit dem restlichen Pecorino sowie Pfeffer bestreuen und sofort servieren.

METHODE 2: IM TOPF

Das Olivenöl in einem großen Topf bei niedriger Temperatur erhitzen. Wenn das Öl zu schimmern beginnt, den *guanciale* zufügen und unter ständigem Rühren etwa 8 Minuten goldbraun braten. Vom Herd nehmen. Den *guanciale* mit dem ausgelassenen Fett im Topf abkühlen lassen. Falls gewünscht, einen Teil des Fetts abgießen und entsorgen oder für *Wodka al Guanciale* (Seite 228) verwenden.

Inzwischen in einem großen Topf reichlich Wasser mit etwas Salz auf hoher Stufe erhitzen, bis es sprudelnd kocht. Wenn sich das Salz aufgelöst hat, die Pasta zufügen und al dente garen (Seite 34).

Während die Pasta kocht, in einer mittelgroßen Schüssel die Eier mit 125 g Pecorino, 1 Prise Pfeffer und 125 ml Wasser verquirlen. Die Eiermischung in den Topf mit dem ausgelassenen *guanciale* geben.

Die al dente gegarte Pasta abgießen, in den Topf zur Eiermischung geben und unter ständigem Rühren bei niedriger Temperatur langsam erwärmen. Gut aufpassen, dass das Ei nicht stockt. Wenn das Ei beginnt, an der Pasta und der Topfwand zu haften, vom Herd nehmen.

Auf Teller verteilen, mit dem restlichen Pecorino sowie Pfeffer bestreuen und sofort servieren.

Pecorino
Romano
€ 22.00

cacio e pepe di leonardo vignoli

CACIO E PEPE NACH ART VON LEONARDO VIGNOLI

CACIO ist in der römischen Mundart die Bezeichnung für Pecorino Romano. Der Käse aus Schafsmilch wird in dieser Region schon seit der Antike hergestellt. Wie *carbonara* (Seite 70) ist aber auch *cacio e pepe* noch relativ neu im römischen Küchenrepertoire. Es tauchte erstmals um die Mitte des 20. Jahrhunderts auf. Die Pasta wird mit einer cremigen Sauce aus Pecorino Romano und schwarzem Pfeffer gemischt, die durch die im Kochwasser enthaltene Stärke gebunden wird. Besonders gern mögen wir die Variante, die Leonardo Vignoli im Cesare in Casaletto serviert. Er gibt Eis in den heißen Topf, damit die Sauce schön cremig wird. Wir haben das Rezept so abgewandelt, dass es auch in der heimischen Küche zuverlässig gelingt. Fein geriebener Pecorino Romano und sehr heißes Wasser machen die Sauce cremig, grob gemahlener schwarzer Pfeffer gibt ihr Geschmack und Biss. Für ein perfektes *cacio e pepe* kommt es vor allem auf Geschwindigkeit an. Wenn das Wasser abkühlt, bevor der Käse geschmolzen ist, wird die Sauce klumpig.

Für 4 bis 6 Personen

Meersalz

500 g Spaghetti oder *tonnarelli*

250 g Pecorino Romano, fein gerieben

2 TL frisch gemahlener schwarzer Pfeffer, nach Geschmack auch mehr

In einem großen Topf reichlich Wasser mit etwas Salz auf hoher Stufe erhitzen, bis es sprudelnd kocht. Wenn sich das Salz aufgelöst hat, die Pasta zufügen und al dente garen (Seite 34).

Inzwischen in einer großen Schüssel 185 g Pecorino mit dem Pfeffer und einer kleinen Schöpfkelle Kochwasser von der Pasta mit der Rückseite eines großen Kochlöffels zügig zu einer Paste verrühren.

Die al dente gegarte Pasta mit einem großen Sieb aus dem Kochwasser heben und sofort in die Schüssel zur Sauce geben. Das Nudelwasser weiterkochen lassen. Pasta und Sauce gründlich mischen. Falls nötig, esslöffelweise kochendes Wasser zugeben, bis die Sauce die richtige Konsistenz hat.

Auf Teller verteilen, mit dem restlichen Pecorino sowie Pfeffer nach Geschmack bestreuen und sofort servieren.

Manche Köche rösten den Pfeffer. Wir bevorzugen es, ihn ungeröstet zu verwenden.

spaghetti alla gricia di claudio gargioli

SPAGHETTI ALLA GRICIA NACH ART VON CLAUDIO GARGIOLI

GRICIA wird manchmal als *carbonara* (Seite 70) ohne Ei oder als *amatriciana* (Seite 77) ohne Tomate bezeichnet. Dabei wird allerdings verkannt, dass *spaghetti alla gricia* ein ganz eigenständiges und köstliches Gericht ist. Wahrscheinlich kam eine Version der *gricia* schon vor den oben genannten Gerichten mit Einwanderern über den Apennin nach Italien und wurde in der Hauptstadt abgewandelt. Unserer Meinung nach gibt es die allerbeste *gricia* bei »Armando al Pantheon«, einer Trattoria, die nur wenige Schritte vom Pantheon entfernt liegt. Als Armando Gargioli sie 1961 eröffnete, trafen sich hier die Politiker und Dichter der Stadt. Heute finden sich auch viele hungrige Touristen ein, denn dies ist eine der wenigen Trattorias im Stadtzentrum, die sich ihren hohen Standard bewahrt hat. Das Geheimnis von Armandos *gricia*, die inzwischen von seinem Sohn Claudio zubereitet wird, ist Weißwein. Er gibt dem herzhaften *guanciale* die besondere Note.

Für 4 bis 6 Personen

Meersalz

500 g Spaghetti (Claudio bevorzugt die Marke Martelli)

1 TL natives Olivenöl extra

220 g *Guanciale* (Seite 81), in 4 cm x 1 cm dicke Streifen geschnitten

125 ml Weißwein

125 g Pecorino Romano, frisch gerieben

frisch gemahlener schwarzer Pfeffer

In einem großen Topf reichlich Wasser mit etwas Salz auf hoher Stufe erhitzen, bis es sprudelnd kocht. Wenn sich das Salz aufgelöst hat, die Pasta zufügen und knapp al dente garen (Seite 34). Abgießen, dabei das Kochwasser auffangen.

Das Olivenöl in einer großen Pfanne auf niedriger Stufe erhitzen. Wenn das Öl zu schimmern beginnt, den *guanciale* zugeben und unter gelegentlichem Rühren 8 Minuten goldbraun braten. Den Weißwein zugießen und etwa 1 Minute kochen, bis der Alkohol verdampft ist.

Eine kleine Schöpfkelle Nudelwasser in die Pfanne zum *guanciale* geben und schwach köcheln lassen. Die Pasta und eine weitere Kelle Kochwasser in die Pfanne zum *guanciale* geben. Bei mittlerer Temperatur unter ständigem Rühren köcheln lassen, bis die Sauce dicklich wird. Falls nötig, zum Verdünnen noch etwas Kochwasser zugeben.

Die Pfanne vom Herd nehmen, 90 g Pecorino zugeben und gründlich verrühren. Abschmecken.

Auf Teller verteilen, mit dem restlichen Pecorino sowie Pfeffer bestreuen und sofort servieren.

bombolotti all'amatriciana di roscioli

BOMBOLOTTI ALL'AMATRICIANA NACH ART VON ROSCIOLI

WIE BEI FAST ALLEN römischen Rezepten wird auch über *l'amatriciana* (manchmal auch *la matriciana* genannt) lebhaft diskutiert. Gehört Zwiebel oder Knoblauch hinein? Chili oder schwarzer Pfeffer? *Guanciale* oder Pancetta? Auch die Ursprünge sind unbekannt und darum Thema heißer Debatten. Amatrice, ein Dorf nordöstlich von Rom, behauptet, die Wiege des Gerichts zu sein. Andere meinen, der Name leite sich von der *matrice* (Brandzeichen) auf dem *guanciale* ab. So oder so zählt das Gericht aktuell zu den Klassikern. Wir mögen besonders gern die Version, die Küchenchef Nabil Hadj Hassen im »Roscioli« serviert, einem modernen Restaurant mit Weinbar im historischen Zentrum. Entgegen der Tradition verwendet Hassen Schalotten statt Zwiebeln und mischt Würfel von knusprigem *guanciale* mit röhrenförmigen *bombolotti*, in deren Innerem sich oft herzhafte *guanciale*-Stückchen verstecken.

Für 4 bis 6 Personen

3 TL natives Olivenöl extra

220 g *Guanciale* (Seite 82), in 1 cm große Würfel geschnitten

2 mittelgroße Schalotten, fein gehackt

Meersalz

875 g ganze Tomaten aus der Dose (wir bevorzugen San Marzano), von Hand zerdrückt

500 g *bombolotti* (auch *mezze maniche* genannt) oder andere kurze, geriffelte Röhrennudeln

90 g Pecorino Romano, fein gerieben

1 Teelöffel Olivenöl bei niedriger Temperatur in einer Pfanne erhitzen. Wenn das Öl zu schimmern beginnt, den *guanciale* zugeben und unter ständigem Rühren etwa 10 Minuten knusprig und goldbraun braten. Vom Herd nehmen und beiseitestellen.

Das restliche Öl auf mittlerer Stufe in einer großen Pfanne erhitzen. Die Schalotten mit etwas Salz zugeben und 15 Minuten weich dünsten. Die Tomaten zufügen und auf mittlere Temperatur umschalten. 15 Minuten köcheln lassen, bis die Sauce etwas reduziert ist und weniger säuerlich schmeckt. Den *guanciale* mit dem ausgelassenen Fett in den Topf zu den Tomaten geben.

Während die Sauce köchelt, in einem großen Topf reichlich Wasser mit etwas Salz auf hoher Stufe erhitzen, bis es sprudelnd kocht. Wenn sich das Salz aufgelöst hat, die Pasta zufügen und knapp al dente garen (Seite 34). Abgießen, dabei das Kochwasser auffangen.

Die Pasta zur Tomatensauce geben und gründlich mischen. So viel Kochwasser zufügen, dass die Pasta fast bedeckt ist. Unter ständigem Rühren köcheln lassen, bis die Pasta al dente ist, dabei nach Bedarf mehr Kochwasser zugeben. Vom Herd nehmen, 60 g Pecorino zufügen und gut verrühren. Mit Salz abschmecken.

Auf Teller verteilen, mit dem restlichen Pecorino bestreuen und sofort servieren.

amatriciana estiva

SOMMERLICHE AMATRICIANA

AMATRICIANA ESTIVA oder sommerliche *amatriciana* ist ein Begriff, der in den letzten Jahren überall auf den Speisekarten der Stadt auftaucht. Manche Köche erklären, ihr Gericht sei besonders leicht, weil sie weniger *guanciale* verwenden oder einen Teil des ausgelassenen Fetts abgießen. Andere lassen den Fettgehalt unverändert und ersetzen lediglich die Tomaten aus der Dose durch frische, die ja im Sommer Saison haben. Wir mögen am liebsten eine Version, die zwischen diesen beiden liegt, und raten dazu, den *guanciale* dünn zu schneiden und natürlich frische Tomaten zu verwenden.

Für 4 bis 6 Personen

1 TL natives Olivenöl extra

90 g *Guanciale* (Seite 81), in sehr feine Streifen geschnitten

1 Knoblauchzehe, zerdrückt

750 g Cocktailtomaten, halbiert

6–8 frische Basilikumblätter

Meersalz

500 g *bombolotti* oder andere kurze, geriffelte Pasta in Röhrenform

60 g Pecorino Romano, frisch gerieben

Das Olivenöl in einer großen Pfanne auf niedriger Stufe erhitzen. Wenn das Öl zu schimmern beginnt, den *guanciale* zugeben und unter ständigem Rühren 10 Minuten goldbraun und sehr knusprig braten. Mit einem Schaumlöffel aus der Pfanne heben und auf Küchenpapier abtropfen lassen. Die Hälfte des ausgelassenen Fetts aus der Pfanne abgießen und entsorgen oder für *Wodka al Guanciale* (Seite 228) oder ein anderes Gericht aufbewahren. Den Knoblauch im restlichen Speckfett 10 Minuten goldgelb (aber nicht braun) braten, dann die Tomaten zufügen. Auf mittlere Temperatur umschalten und 10 Minuten köcheln lassen, bis die Tomaten weich sind. Dann das Basilikum einrühren.

Inzwischen Wasser mit etwas Salz in einem großen Topf auf hoher Stufe erhitzen, bis es sprudelnd kocht. Wenn sich das Salz aufgelöst hat, die Pasta ins Wasser geben und knapp al dente (Seite 34) kochen. Abgießen und das Kochwasser auffangen.

Die Pasta zur Sauce geben und gut umrühren. So viel Kochwasser zufügen, dass die Pasta knapp bedeckt ist, dann köcheln lassen, bis sie al dente ist. Bei Bedarf mehr Kochwasser zugeben. Vom Herd nehmen. 30 g Pecorino zugeben und gut verrühren. Die Hälfte des *guanciale* ebenfalls sorgfältig untermischen.

Auf Teller verteilen, mit restlichem Pecorino und *guanciale* bestreuen und sofort servieren.

Prosciutto
Cotto Piacentino
€ 35.00 kg
Pancetta
di Cormons
suino pesante
Pancetta
Guanciale
umbro
maiali bradi

GUANCIALE

GUANCIALE, im Ganzen gepökelte Schweinebacke, ist eine wichtige Zutat der *cucina romana*. Das ausgelassene Fett gibt klassischen Pastagerichten wie *Carbonara* (Seite 70), *Amatriciana* (Seite 77) und *Gricia* (Seite 76) Aroma und die richtige Konsistenz.

In Rom hängen ganze *guanciali* über den Tresen in kleinen *alimentari* (Lebensmittelgeschäften) und Supermärkten, und die Kunden können sich von den Schweinebacken Stücke abschneiden lassen.

Guanciale wird überall in Mittelitalien hergestellt, vor allem in Latium, Umbrien und den Abruzzen. Die Rezepturen unterscheiden sich von Hersteller zu Hersteller. Manche pökeln die Schweinebacken mit *peperoncino*, Kräutern oder Gewürzen, aber wir mögen am liebsten die einfache Art mit Salz und Pfeffer, die auch traditionsbewusste Köche in Rom bevorzugen. In den letzten Jahren ist *guanciale* auch außerhalb Italiens manchmal zu bekommen, allerdings meist teuer. Alternativ können Sie gepökelten, ungeräucherten Bauchspeck verwenden, der jedoch meist magerer ist und insofern keinen hundertprozentigen Ersatz darstellt. Wer möchte, kann *guanciale* nach unserem Rezept (Seite 82) auch selbst herstellen. Das Pökeln dauert etwas länger als einen Monat, ist aber ein einfaches Verfahren.

Wenn Sie *guanciale* selbst herstellen, müssen Sie peinlich genau auf die Lebensmittelhygiene achten. Ziehen Sie Handschuhe an und arbeiten Sie nur auf lebensmittelgeeigneten Flächen. Gerade wenn Sie zum ersten Mal pökeln, verwenden Sie unbedingt echtes Pökelsalz.
Es erhält die Farbe des Fleischs und stellt sicher, dass sich keine Bakterien vermehren können. Zugegeben, unser Lieblingsexperte Vito Bernabel, berühmt für seine *Porchetta* (Seite 103) und die meisten anderen römischen *norcini* (Metzger, die Schweinefleisch verarbeiten) verwenden weder Pökelsatz noch Zusatzstoffe, wenn Sie ganze Muskelstücke pökeln, und es treten nur extrem selten Verunreinigungen auf. Dennoch wäre es unverantwortlich, davor nicht zu warnen. Pökelsalz bekommen Sie in gut sortierten Lebensmittel- und Spezialitätengeschäften, eine ganze frische Schweinebacke müssen Sie jedoch beim Metzger bestellen. Versuchen Sie möglichst, Fleisch von alten Schweinerassen aus ökologischer Haltung zu bekommen, weil aufgrund der Fütterung dieser Tiere Geschmack und Qualität des Fetts besser sind.

Wir kaufen *guanciale* in Rom bei der Azienda Agricola Fanelli. Die Besitzer haben uns ihre Pökelmethode verraten und gleichzeitig darauf hingewiesen, wie wichtig es ist, Fleisch von ökologisch aufgezogenen Tieren zu verwenden. Sie füttern ihre glücklichen Schweine mit einer Mischung aus Getreide und Gemüseresten. Weil ganze Schweinebacken unterschiedlich schwer sind, haben wir nur ungefähre Mengen angegeben, die Sie nach Bedarf verändern können. Die Fanellis dosieren die Zutaten nach Augenmaß, wir möchten Ihnen aber einige Mengenangaben mitgeben.

il guanciale di alessandro fanelli

GUANCIALE NACH ART VON ALESSANDRO FANELLI

Für 1 ganze Schweinebacke

500 g frische Schweinebacke, gesäubert, Drüsen entfernt

1 EL (15 g) qualitativ hochwertiges Meersalz (2–3 % des Fleischgewichts)

1 Prise (1,5 g) Pökelsalz (0,25 % des Fleischgewichts)

2 EL (15 g) frisch gemahlener schwarzer Pfeffer

Schweinebacken sind unterschiedlich schwer. Die benötigte Meersalzmenge entspricht 2–3 % des Fleischgewichts, die Menge des Pökelsalzes liegt bei 0,25 % des Fleischgewichts.

Meersalz und Pökelsalz in einem großen, wiederverschließbaren Plastikbeutel mischen. Die Schweinebacke hineingeben und die Salzmischung gut in das Fleisch einmassieren. Den Beutel verschließen und 4–7 Tage ins untere Fach des Kühlschranks legen, bis das Fleisch fest wird. Täglich wenden.

Das Fleisch aus dem Beutel nehmen, mit einem feuchten Tuch abwischen und trocken tupfen. Ins dünne Ende der Schweinebacke mit einem spitzen Messer ein Loch stechen. Die Oberfläche großzügig mit dem Pfeffer einreiben. Das Fleisch wiegen und das Gewicht notieren. Küchenschnur durch das Loch ziehen und die Schweinebacke an einem kühlen Ort mit guter Belüftung und hoher Luftfeuchtigkeit (z. B. in einem Schuppen) aufhängen. Der *guanciale* ist fertig, wenn sein Gewicht um etwa 30 % reduziert ist und das Fleisch sich fest, aber nicht hart anfühlt. Das dauert 2–4 Wochen. Nach 1 ½ Wochen abnehmen und wiegen, um den Trocknungsprozess zu kontrollieren. Zur Zubereitung die äußere Pfefferschicht hauchdünn abschneiden, dabei sollte von der Fettschicht möglichst wenig verloren gehen.

picchiapò

GESCHMORTES RINDFLEISCH MIT TOMATE UND ZWIEBEL

TRADITIONELL IST *picchiapò* ein Gericht zur Verwertung von gegarten Fleischresten. Da liegt es nahe, dass es zahllose Varianten gibt. Unser Rezept orientiert sich an der Version, die Sergio und Mara Esposito bei »Mordi e Vai« auf dem Markt von Testaccio anbieten. Die Espositos servieren Sandwiches mit Belägen aus römischen Klassikern wie *allesso di scottona*, einem Rindfleisch-Schmorgericht. Reste vom *allesso* garen sie zusammen mit Gemüse und Zwiebeln in einer Tomatensauce zu einem köstlichen *picchiapò*. Wenn Sie es selbst zubereiten wollen, können Sie das Rindfleisch extra vorkochen oder gegarte Reste verwenden. Servieren Sie es solo oder, wie die Espositos, auf einer *Ciabattina* (Seite 192). Damit das Fleisch aromatischer wird, sollte es mindestens 4 Stunden (und bis zu 24 Stunden) vor der Zubereitung mit grobkörnigem Salz gewürzt werden.

Für 4 bis 6 Personen

500 g Rinderbeinfleisch oder Rindfleischreste ohne Sehnen, 4–24 Stunden vorher gesalzen

250 ml trockener Weißwein

2 Karotten

3 Zwiebeln

10 ganze schwarze Pfefferkörner

3 ganze Gewürznelken

2 EL natives Olivenöl extra

Meersalz

1 EL frischer Majoran

1 Prise *peperoncino*-Flocken oder rote Chiliflocken

440 g gehackte Tomaten aus der Dose

Das gesalzene Fleisch in einem großen Topf mit kaltem Wasser bedecken, langsam auf niedriger Stufe zum Kochen bringen und den aufsteigenden Schaum abschöpfen. Wein, Karotten, 2 Zwiebeln, Pfefferkörner und Gewürznelken zugeben und etwa 2 Stunden köcheln lassen, bis das Fleisch sehr zart ist. Zur Probe mit einer Gabel einstechen. Das Fleisch auf einen Teller legen und mit einer Küchenzange oder zwei Gabeln zerpflücken. Die gegarten Karotten grob hacken und beiseitestellen, die zerkochten Zwiebeln entsorgen.

Das Olivenöl in einer großen Pfanne auf niedriger Stufe erhitzen. Inzwischen die übrige Zwiebel grob hacken. Wenn das Öl zu schimmern beginnt, die Zwiebel zugeben und etwa 10 Minuten glasig dünsten. Salzen, Majoran und *peperoncino*-Flocken zufügen und 30 Sekunden erhitzen, bis die Mischung duftet. Die Tomaten zugeben und 15 Minuten köcheln lassen, bis die Sauce etwas eindickt und weniger säuerlich schmeckt. Fleisch und Karotten gut unterrühren und noch 15 Minuten köcheln lassen, bis die Sauce weiter reduziert ist.

Sofort als eigenständiges Gericht servieren oder als Belag auf ein weiches Brötchen oder auf knuspriges Brot geben.

pollo alla romana

HÄHNCHEN MIT TOMATEN UND PAPRIKA

POLLO ALLA ROMANA wurde traditionell zu *Ferragosto* am 15. August zubereitet, dem Fest Mariä Himmelfahrt. Heute schätzen professionelle und private Köche es als Gericht für den ganzen Sommer, weil man es an heißen Tagen in den kühlen Morgenstunden zubereiten und um die Mittagszeit lauwarm servieren kann. Wir empfehlen *Pollo alla romana* als Hauptgang bei einem Menü, das mit *Fettuccine con Rigaglie di Pollo* (Seite 130) eröffnet wird, denn diese Kombination ist seit Generationen zu *Ferragosto* beliebt. Am besten schmeckt das Fleisch, wenn man es mindestens 6 Stunden (oder bis zu 24 Stunden) vor der Zubereitung salzt. In Rom wird meist eine Mischung aus gelben und roten Paprika verwendet, immerhin sind es die Farben der Stadtflagge und des beliebten Fußballvereins AS Roma.

Für 4 Personen

3 EL natives Olivenöl extra

1 ganzes Hähnchen, 6–24 Stunden vorher gesalzen, in 8 Teile zerteilt

2 Zwiebeln, in 5 mm dicke Ringe geschnitten

3 Paprika, entkernt und in 2,5 cm große Stücke geschnitten

2 Knoblauchzehen, zerdrückt

250 ml trockener Weißwein

1 EL frischer Majoran

440 g ganze oder gewürfelte Tomaten aus der Dose

Das Olivenöl in einer großen Pfanne auf mittlerer Stufe erhitzen. Wenn das Öl zu schimmern beginnt, die Hähnchenteile mit der Haut nach unten hineinlegen und 8–10 Minuten ringsherum braun anbraten. Falls nötig, die Hitze reduzieren, damit es nicht zu dunkel wird. Auf niedrige Stufe umschalten, die Hähnchenstücke aus der Pfanne nehmen und beiseitestellen.

Zwiebeln, Paprika und Knoblauch in die Pfanne geben und etwa 10 Minuten dünsten, bis sie weich werden. Den Wein zugießen, auf mittlere Stufe umschalten und unter ständigem Rühren den Bodensatz der Pfanne lösen. Nach etwa 1 Minute, wenn der Alkohol verdampft ist, Majoran und Tomaten zufügen. Die Hähnchenteile wieder in die Pfanne legen und bis zur Hälfte ihrer Höhe Wasser zufügen. Unter gelegentlichem Rühren 30 Minuten köcheln lassen, bis das Fleisch gar ist und sich fast von den Knochen löst. Die Sauce soll jetzt dick und dunkelrot sein. Falls sie zu trocken ist, etwas Wasser unterrühren.

Sofort als eigenständiges Gericht servieren. Restliches Hähnchenfleisch können Sie von den Knochen lösen, in der Sauce nochmals erwärmen und zu knusprigem Brot oder auf *Ciabattina* (Seite 192) servieren.

Die Bruststücke müssen eventuell etwas früher aus der Sauce genommen werden als die Keulen, damit sie nicht trocken werden.

ajo, ojo, *peperoncino*, e pomodori arrostiti

KNOBLAUCH, ÖL, PEPERONCINO UND GERÖSTETE TOMATEN

DIE GRUNDLAGE dieses Rezepts ist *ajo (aglio), ojo (olio), e peperoncino,* ein pikanter Klassiker mit Spaghetti und einer Mischung aus Knoblauch und Chili, die in Olivenöl gegart werden. In Rom heißt das Gericht auch *pasta dei cornuti,* »Pasta des gehörnten Ehemanns«, und man sagt, es werde von untreuen Ehefrauen zubereitet, die tagsüber, wenn der Mann auf der Arbeit ist, keine Zeit haben, ein ordentliches Abendessen zu kochen. Das Geheimnis des Gerichts besteht aber darin, die Aromen so miteinander zu vereinen und zu intensivieren, dass es nicht wässrig schmeckt. Das gelingt, indem man etwas Pasta-Kochwasser mit Knoblauch, Öl und *peperoncino* köcheln lässt, sodass die Stärke die Mischung bindet. Dann wird diese Mischung zur Pasta gegeben. *Ajo, ojo, e peperoncino* wird oft ohne Garnierung serviert. Man kann es aber auch mit gehackter Petersilie oder mit gerösteten Semmelbröseln bestreuen. Darüber entscheidet der Geschmack des Kochs. Unser Rezept enthält im Ofen gebackene Tomaten, deren konzentriertes süß-säuerliches Aroma ein gutes Gegengewicht zur pikanten Pasta mit Knoblauch bildet.

Für 4 bis 6 Personen

FÜR DIE TOMATEN

1,5 kg kleine Eiertomaten (ca. 24 Stück)

2 große Prisen Meersalz

Blätter von 6 Zweigen Thymian (nach Belieben)

Olivenöl zum Einlegen (nach Belieben, siehe Anmerkung gegenüber)

FÜR DIE PASTA

Meersalz

500 g Spaghetti

90 ml natives Olivenöl extra

2 Knoblauchzehen, zerdrückt

1 getrockneter *peperoncino* oder 1 TL rote Chiliflocken

Die Tomaten zubereiten: Den Backofen auf 110 °C vorheizen. Ein Backblech mit Backpapier auslegen.

Wasser in einem großen Topf auf hoher Stufe zum Kochen bringen. Inzwischen aus den Tomaten den Stielansatz herausschneiden und das Blütenende kreuzförmig einritzen. Die Tomaten 10–15 Sekunden ins kochende Wasser geben, dann sofort in Eiswasser legen und nach 1 Minute abgießen.

Die Tomaten häuten, halbieren und mit der Schnittfläche nach oben auf das Backblech legen. Mit Salz und, falls verwendet, Thymian bestreuen und im vorgeheizten Ofen 2–2 ½ Stunden backen, bis sie runzelig und auf die Hälfte geschrumpft sind. Aus dem Ofen nehmen und vollständig abkühlen lassen.

Die Pasta zubereiten: In einem großen Topf Wasser mit etwas Salz erhitzen, bis es sprudelnd kocht. Wenn sich das Salz aufgelöst hat, die Pasta zufügen und al dente garen (Seite 34).

Inzwischen das Olivenöl in einer großen Pfanne auf niedriger Stufe erhitzen. Wenn das Öl zu schimmern beginnt, den

Wenn Sie die Tomaten nicht sofort verbrauchen, oder wenn einige übrig bleiben, schichten Sie sie mit Kräutern in ein Glas mit weiter Öffnung und bedecken Sie diese mit nativem Olivenöl. Sie halten sich im Kühlschrank etwa 3 Wochen, das Olivenöl kann dabei allerdings trübe werden. Die Tomaten rechtzeitig aus dem Kühlschrank nehmen, um sie bei Raumtemepratur zu servieren.

Knoblauch hineingeben und etwa 5 Minuten unter Rühren goldgelb garen.

Den *peperoncino* zugeben und 30 Sekunden erhitzen, bis er duftet. Den Knoblauch aus der Pfanne nehmen oder drin lassen – in Rom ist beides gebräuchlich.

Die al dente gegarte Pasta in ein Sieb abgießen, das Kochwasser dabei auffangen. Pasta und etwas Kochwasser in die Pfanne zu Knoblauchöl und *peperoncino* geben und gründlich verrühren. Wenn die Sauce zu trocken ist, etwas mehr Kochwasser zufügen und unterrühren.

Auf Teller verteilen, die gebackenen Tomaten darauf anrichten und sofort servieren.

DER RÖMISCHE KÜCHENKANON

VIELE DINGE sind in Rom schwer vorhersehbar. Vielleicht wird das Forum wegen einer dringenden Gewerkschaftsversammlung gesperrt, vielleicht fährt auch der Bus der Linie 75 dreimal in zehn Minuten vorbei und kommt dann eine ganze Stunde gar nicht. Auf andere Dinge kann man sich in der italienischen Hauptstadt aber immer verlassen. Zu ihnen gehört die Verfügbarkeit von Gnocchi. Der Ausdruck *giovedi gnocchi* (»donnerstags Gnocchi«) ist unter den Elementen des römischen Küchenkanons eines der verlässlichsten.

Donnerstags werden in Privathaushalten und Trattorias kleine Kartoffelklöße mit etwas Tomatensauce serviert. Manche Einheimische behaupten, der Brauch gehe darauf zurück, dass man vor dem Freitag, an dem in katholischen Gegenden auf Fleisch verzichtet wird, noch etwas besonders Sättigendes zu sich nehmen sollte. Wahrscheinlich hat der Brauch damit zu tun, dass man früher donnerstags üppig aß – Pasta aus Kartoffeln oder mit Eiern bzw. andere Zubereitungen, die mehr enthielten als Mehl und Wasser.

Dass freitags in Restaurants und Privathaushalten Fisch auf den Tisch kommt, ist einfacher zu erklären: In katholischen Gegenden wird freitags kein Fleisch gegessen, also gibt es Fischsuppe, *baccalà* (gesalzener, getrockneter Kabeljau) und andere Meeresfrüchte. Viele Marktstände und Lebensmittelgeschäfte halten freitags ein besonders großes Angebot an getrocknetem Kabeljau bereit.

Von allen Bräuchen des römischen Küchenkalenders werden heute vor allem noch die Donnerstags- und Freitagstraditionen gepflegt. Das heißt nicht, dass andere traditionelle Speisen verschwunden sind, aber sie werden heute an allen Wochentagen serviert und sind nicht mehr an einen bestimmten geknüpft. An Wochenenden bereitete man früher Gerichte zu, die viel Zeit kosteten. *Trippa alla romana* (Seite 142) war ein traditionelles Samstagsgericht, während sonntags *supplì* oder frische Pasta wie *fettuccine* und *lasagne* auf den Tisch kamen. Montags gab es langsam gekochtes Fleisch, dienstags Fisch oder Pasta mit Kichererbsen. Typische Mittwochsgerichte waren Pasta mit Bohnen oder *Coda alla vaccinara* (Seite 147), geschmorter Ochsenschwanz, und die Reste der kräftigen Sauce wurden am Donnerstag zu den Gnocchi serviert.

gnocchi di patate di arcangelo dandini

KARTOFFEL-GNOCCHI NACH ART VON ARCANGELO DANDINI

DONNERSTAGS isst man in Rom traditionell Kartoffel-Gnocchi, nicht zu verwechseln mit *gnocchi alla romana*, gebackenen Scheiben aus einer Mischung aus Grieß, Butter, Milch und Parmesan. Gnocchi-Meister Arcangelo Dandini vom »L'Arcangelo« bereitet außergewöhnlich zarte und lockere Gnocchi zu. Die Konsistenz beruht darauf, dass er anstelle einer Passiermühle eine Kartoffelpresse verwendet. Außerdem empfiehlt er die Verwendung von mehligen Kartoffeln, die auf trockenem Boden angebaut werden, damit die Gnocchi nicht schwer und teigig werden. Er bevorzugt Kartoffeln aus dem zentralen Apennin, Sie können aber auch andere mehlige Kartoffeln verwenden. Sauce wird zum fertigen Gericht nur sparsam gereicht, vielleicht etwas Sauce *all'amatriciana* (Seite 77), von Involtini (Seite 99) oder *Coda alla vaccinara* (Seite 147).

Für 4 bis 6 Personen

500 g trockene mehlig-kochende Kartoffeln, abgebürstet

Meersalz

165 g Weizenmehl (Type 405) plus etwas mehr zum Bestäuben

1 Prise frisch geriebene Muskatnuss

Sauce nach Wahl zum Servieren

Die Kartoffeln nicht zu stark abkühlen lassen: Sie werden gepellt, solange sie noch dampfen. Ziehen Sie ruhig Handschuhe an, um sich nicht die Finger zu verbrennen.

Die Kartoffeln in einen großen Topf geben, mit Wasser bedecken, Salz zugeben und auf mittlerer Stufe zum Kochen bringen. Die Kartoffeln gar kochen, zur Probe mit einer Gabel einstechen. Abgießen und nur einige Minuten abkühlen lassen. Die Kartoffeln mit einem Messer pellen, dann durch eine Kartoffelpresse auf eine großzügig bemehlte Arbeitsfläche drücken. Die Kartoffelmasse aufhäufen und eine Vertiefung in die Mitte drücken.

Mehl, Muskatnuss und 1 Prise Salz in die Vertiefung geben und alles mit den Händen vom Rand zur Mitte zügig zu einem glatten Teig verkneten. Bei Zimmertemperatur etwa 30 Minuten ruhen lassen.

Auf einer leicht bemehlten Arbeitsfläche aus einem faustgroßen Stück Teig eine etwa 2 cm dicke Rolle formen. Mit einem Messer die Rolle in etwa 1,5 cm breite Stücke schneiden. Auf ein bemehltes Brett legen, damit der Teig nicht festklebt, und beiseitestellen. Den restlichen Teig ebenso formen.

In einem großen Topf Wasser mit etwas Salz zum Kochen bringen, bis es sprudelt. Wenn das Salz aufgelöst ist, die Gnocchi portionsweise hineingeben. Wenn Sie an der Oberfläche schwimmen, noch etwa 20 Sekunden köcheln lassen, dann mit einem Schaumlöffel herausnehmen und in einen Topf mit einer Sauce nach Wahl geben. Bei mittlerer Temperatur erwärmen und vorsichtig mit der Sauce verrühren. Auf Teller verteilen und sofort servieren.

agnello brodettato

LAMM IN KRÄUTERSAUCE MIT EI

FRÜHER WURDE für dieses Frühlingsgericht ein ganzes Lamm zubereitet, heute sind kleinere Mengen üblich. *Brodettato* spielt auf die wichtigste Zutat an, die Brühe, die alles miteinander verbindet. Reiben Sie das Fleisch 24 Stunden vor der Zubereitung mit grobkörnigem Salz ein.

Für 4 bis 6 Personen

FÜR DIE LAMMBRÜHE

einige Lammknochen mit Fleischresten

1 Karotte

1 Zwiebel

1 Selleriestange

FÜR DAS LAMM

60 g Prosciutto-Schinkenfett, fein gehackt, oder 2 EL Olivenöl extra

1,75 kg Lammschulter oder -keule mit Knochen, 24 Stunden vorher gesalzen, in 5 cm große Stücke geschnitten

Weizenmehl (Type 405) zum Wälzen

1 Knoblauchzehe, zerdrückt

1 Zwiebel, gehackt

Meersalz

250 ml trockener Weißwein

4 große Eigelb

3 EL Zitronensaft, nach Geschmack auch mehr

Blätter von 3 frischen Zweigen Minze, gehackt

Blätter von 6 Stängeln glatter Petersilie, gehackt

Blätter von 3 frischen Zweigen Majoran, gehackt

frisch gemahlener schwarzer Pfeffer

Die Brühe zubereiten: Die Fleischreste von den Lammknochen schneiden, alles in einen großen Topf geben, mit Wasser bedecken und auf niedriger Stufe zum Kochen bringen. Karotte, Zwiebel und Sellerie zufügen. Mindestens 4 Stunden (bis zu 6 Stunden) auf niedriger Stufe leicht köcheln lassen, zwischendurch den aufsteigenden Schaum von der Oberfläche abschöpfen. Durch ein Sieb in eine Schüssel abgießen, die Siebrückstände entsorgen.

Wenn die Brühe fertig ist, das Lamm zubereiten. In einem großen Topf das Schinkenfett auf niedriger Stufe auslassen. Die Lammstücke in Mehl wälzen, überschüssiges Mehl abschütteln und das Lamm in den Topf geben. 3–5 Minuten rundherum braun anbraten, dann herausnehmen und beiseitestellen.

Knoblauch und Zwiebel in den Topf geben, leicht salzen und auf mittlerer Stufe 10 Minuten dünsten, bis die Zwiebel weich und glasig ist. Den Wein zugießen und unter ständigem Rühren den Bodensatz lösen. Nach etwa 1 Minute, wenn der Alkohol verdampft ist, die Lammstücke wieder in den Topf geben und so viel Lammbrühe zugießen, dass es fast bedeckt ist. Bei halb geschlossenem Deckel 1 ½ Stunden köcheln lassen, bis das Fleisch gar ist, aber noch nicht von den Knochen fällt.

Falls nötig, zwischendurch Brühe nachfüllen. Das Fleisch sollte immer nahezu bedeckt sein.

Kurz vor dem Servieren Eigelb, 3 Esslöffel Zitronensaft und Kräuter verrühren. Einige Löffel heiße Lammbrühe unter die Eimischung rühren, dann die Eimischung in den Topf mit den Lammstücken gießen und unter ständigem Rühren vorsichtig durchwärmen. Den Topf vom Herd nehmen. Mit Salz, Pfeffer und nach Wunsch mit mehr Zitronensaft abschmecken und sofort servieren. Eventuell übrig gebliebene Lammbrühe anderweitig verwenden.

ROMS HEIMLICHE KÖCHE

IN ITALIEN werden vielleicht mehr als in anderen Ländern romantische Vorstellungen von einer zeitlosen Vergangenheit kultiviert. Obwohl es jede Menge Gegenbeweise gibt, stellen sich Einheimische und Touristen noch immer vor, dass Roms Küchen von stämmigen *nonnas* bevölkert sind, die emsig vorbereiten, kochen und abwaschen. Natürlich gibt es noch solche Familienbetriebe, in denen mehrere Generationen arbeiten, aber sie sind nicht die Regel. Heute sind es andere Personen, die in den Restaurantküchen der Stadt den Betrieb aufrechterhalten.

Einwanderer, hauptsächlich aus Südostasien und Nordafrika, bilden die heimlichen Stützpfeiler der römischen Restaurantszene. Weil immer weniger junge Römer sich um die anstrengenden und schlecht bezahlten Jobs in der Gastronomie bewarben, wurden in allen Positionen – vom Tellerwäscher bis zum Küchenchef – Einwanderer beschäftigt. Viele tauchen nie aus der Anonymität auf, was vielleicht auch mit ihrem rechtlichen Status, Fremdenfeindlichkeit oder Armut zu tun hat. Dennoch bilden sie das nicht gewürdigte Rückgrat einer harten Branche. Ohne sie könnten Roms Hotelküchen, Restaurants, Trattorias, Osterias und Pizzerias nicht überleben.

involtini di manzo

RINDFLEISCHROULADEN

EINMAL KOCHEN, zweimal essen. Diese Idee gefällt viel beschäftigten italienischen Köchen, und wir lieben darum *involtini di manzo*. Beim Schmoren der Rouladen mischt sich ihr Saft mit der Tomatensauce, und von der gibt es reichlich. Bewahren Sie die restliche Sauce auf, um sie ein oder zwei Tage später zu Pasta zu servieren. Besonders gut schmeckt sie zu Rigatoni, Spaghetti oder *Gnocchi di Patate* (Seite 95).

Ergibt 6 **involtini** *und 500 ml Sauce für Pasta*

500 g Rindfleisch aus der Keule, in 6 gleich dicke Scheiben geschnitten

Meersalz

6 dünne Scheiben Prosciutto

1 Karotte, in sehr feine Stifte geschnitten

1 Selleriestange, in sehr feine Stifte geschnitten

2 EL natives Olivenöl extra

1 Knoblauchzehe, zerdrückt

875 g geschälte ganze Tomaten aus der Dose

250 ml trockener Weißwein

frisch gemahlener schwarzer Pfeffer

Die Rindfleischscheiben flach auf die Arbeitsfläche legen und auf beiden Seiten salzen. Auf jede Fleischscheibe 1 Scheibe Prosciutto legen, dann an einem Ende je 3 oder 4 Karotten- und Selleriestifte auflegen. Das Fleisch um das Gemüse herum aufrollen und mit Küchengarn oder einigen flach eingestochenen Holzstäbchen feststecken.

Das Olivenöl in einer kleinen Pfanne bei mittlerer Temperatur erhitzen. Wenn das Öl zu schimmern beginnt, die *involtini* darin 5 Minuten rundum braun anbraten. Aus der Pfanne nehmen und beiseitestellen.

Den Knoblauch in die Pfanne geben und unter gelegentlichem Rühren 5 Minuten goldbraun braten. Die Tomaten einrühren. Den Wein zugießen und 1 Minute kochen, bis der Alkohol verdampft ist. Die Hitze reduzieren und wenn die Sauce köchelt, die *involtini* wieder in den Topf legen. Die Rouladen sollten fast von der Tomatensauce bedeckt sein. Abgedeckt etwa 1 ½ Stunden köcheln lassen, bis das Fleisch zart ist. Zur Probe mit einer Gabel hineinstechen. Zwischendurch nachschauen, ob das Fleisch noch mit Sauce bedeckt ist, und bei Bedarf Wasser zugießen. Mit Salz und Pfeffer abschmecken. Sofort servieren oder bis zu 3 Tage im Kühlschrank aufbewahren. In dieser Zeit entfalten sich die Aromen noch intensiver.

FEIERTAGSGERICHTE

OBWOHL auch Rom eine Großstadt mit weltlicher Prägung wird, treffen sich an Feiertagen Freunde und Verwandte immer gern, um miteinander zu essen. Manche christliche Feiertage sind bis heute mit kulinarischen Traditionen verbunden. Das Fest des Heiligen Joseph am 19. März begeht man beispielsweise mit *bigne di San Giuseppe,* frittierten Küchlein mit Cremefüllung. Am 24. Juni, dem Johannistag, servieren traditionell geprägte Trattorias Schnecken mit Knoblauch, Sardellen, Tomaten und Minze. Zu *Ferragosto* am 15. August feiern die Römer Mariä Himmelfahrt mit Picknicks, bei denen Prosciutto mit Melone oder Feigen genossen wird, außerdem *Fettuccine con Rigaglie di Pollo* (Seite 130) und *Pollo alla romana* (Seite 89).

Den Höhepunkt der kulinarischen Festlichkeiten bildet das Weihnachtsfest. An Heiligabend gibt es Fisch und Meeresfrüchte. Am ersten Weihnachtstag werden traditionell mit Fleisch gefüllte Teigtaschen in Brühe serviert, danach Truthahn, Lamm, Löwenzahnblätter und Artischocken. Frisches Obst und *pangiallo,* ein fester Kuchen mit Honig, Nüssen, Rosinen und Gewürzen wie Zimt, Kardamom und Gewürznelken beschließen das Menü.

Süße Leckereien wie *frappe* und *Castagnole* (Seite 207) isst man am Neujahrstag, gefolgt von *maritozzi quaresimali,* einer Variante der einfacheren Frühstücks-*maritozzi* (Seite 216) mit kandierten Früchten und Pinienkernen. Im Frühling werden seit Jahrhunderten Lämmer geschlachtet. Vom »Opferlamm« wird weder in der katholischen noch in der jüdischen Kultur etwas verschwendet, darum bereitet man neben dem Fleisch auch sautierte Innereien, gebratenen Brägen (Hirn) und sogar im Ofen gebackene Köpfe zu.

Zum Pessachfest essen die römischen Juden Matze-Desserts wie *Pizzarelle* (Seite 124), während die libanesischen Juden ähnliche frittierte und mit Honig beträufelte Klößchen zubereiten. In katholischen Haushalten beginnt das Ostermenü mit einer Platte mit gemischten Vorspeisen, auf die immer ein hart gekochtes Ei als Symbol für Leben, Perfektion und Auferstehung gehört. Den Abschluss des Ostermenüs bildet ein süßes Hefebrot namens *colombe,* das sich nicht nennenswert von der weihnachtlichen *panettone* unterscheidet, jedoch nicht rund ist, sondern die Form einer Taube hat.

BONCI
FDP
FIGLI DI PASTAMADRE
VIVA

porchetta di vito bernabei

PORCHETTA NACH ART VON VITO BERNABEI

VITO BERNABEIS *porchetta* – ein langsam gegarter Schweinebraten ohne Knochen – ist einfach fantastisch. Der *norcino* (Schweinemetzger), der das Geschäft in dritter Generation betreibt, verwendet dafür Fleisch von Bauch und Lende von Schweinen, die er von kleinen Höfen in der Umgebung seines Geschäfts in Marino Laziale, 20 Kilometer südöstlich von Rom, bezieht. Er reibt das Fleisch mit Salz, Kräutern und Gewürzen ein, bindet es zu einer dicken Rolle zusammen und gart es langsam, bis seine wunderbar saftige und aromatische *porchetta* fertig ist. Es ist nicht einfach, die entsprechenden Zuschnitte außerhalb Italiens zu finden, und wenn man sie bekommt, entsteht ein Braten, der für die meisten Haushaltsbacköfen zu groß ist. Sie können Schweinebraten nach Bernabeis Art aber gut mit Schweineschulter ohne Knochen zubereiten. Das ist recht einfach. Das Fleisch wird über Nacht mariniert und dann bei niedriger Hitze langsam gegart, bis es herrlich saftig ist.

Für 10 Personen

3–3,3 kg entbeinte Schweineschulter mit Schwarte

3 EL grobkörniges Salz

1 EL frisch gemahlener schwarzer Pfeffer

4 Knoblauchzehen, zu einer Paste zerdrückt

1 EL frisch gehackter Rosmarin

1 EL *peperoncino*-Flocken oder rote Chiliflocken

2 TL Fenchelpollen oder gemahlene Fenchelsamen

Die Schwarte sollte eine knusprige Kruste mit vielen Bläschen bilden.

Das Fleisch auf eine saubere, trockene Arbeitsfläche legen und die Schwarte rautenförmig einschneiden (das kann auch der Metzger erledigen). Dann umdrehen, sodass die Schwarte unten liegt. Das Fleisch mit Salz einreiben, dann mit Pfeffer, Knoblauch, Rosmarin, *peperoncino*-Flocken und Fenchelpollen würzen.

Das Fleisch fest aufrollen, die Schwarte liegt nun außen. Fest mit Küchengarn zusammenschnüren. In einem offenen Gefäß im Kühlschrank mindestens 6 Stunden, besser über Nacht marinieren. Dabei wird die Schwarte trocken.

Das Fleisch 1 ½–2 Stunden vor der Zubereitung aus dem Kühlschrank nehmen. Den Backofen auf 90 °C vorheizen.

Die *porchetta* etwa 6–7 Stunden garen, bis sie zart ist. Zur Probe mit einer Gabel einstechen. Dann die Temperatur auf 260 °C erhöhen und weitere 15–20 Minuten braten, damit die Schwarte knusprig wird.

Aus dem Ofen nehmen und mindestens 45 Minuten ruhen lassen. In Scheiben schneiden und servieren.

CIRCOLO
I RAGAZZI DEL
48
ZI RAIMONDO
16 ottobre 1943

CUCINA EBRAICA

Von den 4 Millionen Einwohnern Roms sind nur etwa 13 000 jüdischen Glaubens, aber die Küchentradition dieser Minderheit hat großes Gewicht. Drei Jahrhunderte lang mussten die römischen Juden in einem Ghetto leben, und dort entstand eine spezielle Küche, die man *cucina ebraica romanesca* nennt. Sie beweist, dass sich auch aus bescheidensten Zutaten Gerichte mit intensivem Aroma zubereiten lassen. Um 1960 wuchs die kleine Gemeinde an, weil viele libysche Juden nach Rom kamen und ihre eigenen Bräuche und Gerichte mitbrachten.

GHETTOKÜCHE

DAS ERSTE GHETTO in Italien wurde 1516 in Venedig gebaut. Die unselige europäische Gewohnheit, die Juden in abgegrenzten Vierteln unterzubringen, breitete sich in ganz Italien aus, und 1555 entstand durch päpstliches Dekret das römische Ghetto. Papst Paul IV. verwies die jüdische Bevölkerung in ein heruntergekommenes Viertel am Ufer des Tibers. Die Gebäude waren überfüllt, Brände kamen häufig vor, und als die Bevölkerung wuchs, wurden die ohnehin baufälligen Häuser nochmals aufgestockt. Erst 1870, nachdem die politische Autorität der Päpste in Rom aufgehoben war, wurde das Ghetto befreit. In diesen drei Jahrhunderten der Isolation und gnadenlosen Verfolgung entwickelte sich eine eigene Kultur und mit ihr eine typische Küche.

Natürlich folgte die Küche der jüdischen Gemeinde Roms den Regeln der Kaschrut, den Speisevorschriften. Sie wurde aber auch von der Lage Roms und den einheimischen Obst- und Gemüsesorten beeinflusst. Spanische Juden, die im 15. Jahrhundert aus Spanien und Süditalien nach Rom kamen, brachten neue Zutaten wie Gewürze und Mandelpaste mit, außerdem Zubereitungsweisen wie *escabeche* (Frittieren und Marinieren, siehe *Concia,* Seite 109). Im 16. Jahrhundert stellte nicht nur die Religion eine Verbindung zwischen spanischen und italienischen Juden her, sondern auch die gemeinsame Ghetto-Erfahrung. Ihre Küchen, geprägt vom Lebensmittelangebot im Ghetto, verschmolzen miteinander.

Im Ghetto wurden hauptsächlich Zutaten verwendet, die preiswert und leicht verfügbar waren: Artischocken und Salate, gesalzener, getrockneter Kabeljau, Fische aus dem Tiber, billige Fleischstücke und Innereien. *Pesce azzurro,* fetthaltige Fische wie Makrelen, Sardinen und Sardellen, wurden auf dem Fischmarkt in den bröckelnden Ruinen des Portico d'Ottavia am Rand des Ghettos verkauft. Fleisch, sofern man es bekam, musste stundenlang köcheln, damit es zart wurde. Solche langsam gegarten Fleischgerichte, *stracotti* genannt, werden noch heute in jüdischen Familien gegessen. Das Frittieren war eine beliebte Zubereitungsmethode, und selbst heute kommen in jüdischen Haushalten und Restaurants *Pezzetti fritti* (Seite 58), frittierter Brägen, *Filetti di Baccalà* (Seite 57) und zweimal frittierte *carciofi alla giudia* (Artischocken nach jüdischer Art) auf den Tisch.

König Victor Emanuel II. hob das Ghetto im Jahr 1870 auf und gab seinen Bewohnern die Freiheit. In den folgenden Jahrzehnten wurden viele der verkommenen Gebäude abgerissen, und es entstand allmählich ein elegantes Viertel. Heute finden sich dort jüdische Lebensmittelgeschäfte, moderne Kunstgalerien, schicke Apartmenthäuser und eine prächtige moderne Synagoge. Den Geschmack der Ghettoküche kann man aber noch in Restaurants wie »Nonna Betta« kosten, das der Besitzer Umberto Pavoncello nach seiner Großmutter benannt hat. Dort und in den wenigen noch vorhandenen jüdischen Familien, die in dem sanierten Viertel leben, hat sich die alte Küchentradition gehalten, die von der verschwundenen Zone und dem Lebenswillen seiner Bewohner erzählt.

concia

FRITTIERTE, MARINIERTE ZUCCHINI

CONCIA ähnelt dem süditalienischen Gericht *zucchine alla scapece* und ist ein Klassiker der jüdischen Tradition. Die einfache Zubereitungsweise, Gemüse zu frittieren und dann in Essig einzulegen, kam nach Rom, als sephardische Juden 1492 aus Spanien hierherflohen. Zwar gab es damals in Europa noch keine Sommerkürbisse, aber die Spanier kannten eine ähnliche Zubereitungsweise, die sie *escabeche* nannten. Es ist also wahrscheinlich, dass die Zubereitung von *concia* spanische Wurzeln hat. Die Römer verwenden *zucchine romanesche,* eine hellgrün gestreifte Zucchinisorte, ebenso eignen sich aber auch andere Zucchini, Sommerkürbisse oder Auberginen. Früh in der Saison brauchen die Zucchini nicht gesalzen zu werden. Später, wenn sie größere Samen haben, empfehlen wir das Salzen, damit die Konsistenz besser wird und die Bitterstoffe entzogen werden.

Für 4 bis 6 Personen als Beilage oder für 3 bis 4 Sandwiches

2 Knoblauchzehen, in Scheiben geschnitten

10 g fein gehackte frische Minze- oder Basilikumblätter plus etwas mehr zum Garnieren

160 ml Weißweinessig

geschmacksneutrales Öl (Seite 27) zum Frittieren

6 oder 7 Zucchini, in 5 mm dünne Scheiben geschnitten

1 TL Meersalz

natives Olivenöl extra zum Beträufeln

Knoblauch, Minze und Essig in einer mittelgroßen Schüssel verrühren und beiseitestellen.

Ein Kuchengitter mit Küchenpapier auslegen. In eine mittelgroße Pfanne (vorzugsweise Gusseisen) mit hohem Rand 5 cm hoch geschmacksneutrales Öl einfüllen und auf 180 °C erhitzen. Die Zucchini in kleinen Portionen goldbraun frittieren, nach Belieben auch etwas dunkler. Zum Abtropfen auf das vorbereitete Kuchengitter legen. Mit dem Salz würzen.

Die Zucchini in die Essigmarinade legen und im Kühlschrank mindestens 2 Stunden, besser über Nacht, marinieren.

Mit frischer Minze bestreuen und mit Olivenöl beträufeln. Als Beilage oder als Belag für Sandwiches servieren. Dafür Brot wie *Passis Ciabattina* (Seite 192) aufschneiden, mit *concia* füllen und mit etwas von der restlichen Marinade beträufeln.

Wenn die Zucchini sehr bitter sind, werden sie vorher mit Salz bestreut. Einen großen Durchschlag über eine Schüssel oder ins Spülbecken stellen, die Zucchinischeiben hineingeben und mit Salz mischen. 1–2 Stunden stehen lassen, damit Flüssigkeit austritt. Abspülen und vor dem Frittieren sorgfältig trocken tupfen.

Spaghetti con cicoria e bottarga

SPAGHETTI MIT LÖWENZAHN UND GESALZENEM FISCHROGEN

CICORIA heißt ein bitteres Blattgemüse, das überall in der Stadt wild wächst und fast ganzjährig in großen Stapeln auf Marktständen angeboten wird. *Cicoria* wird seit Urzeiten in der Küche verwendet. *Bottarga*, gesalzener getrockneter Fischrogen, dagegen kam erst in den 1960er-Jahren nach Rom, als eine neue Welle von jüdischen Flüchtlingen aus Libyen einwanderte und ihre Küchentraditionen mitbrachte. Die libysch-jüdischen Hausfrauen begannen damit, *bottarga* über Spaghetti mit gedünsteter *cicoria* zu reiben. Inzwischen haben auch die Restaurants das Gericht für sich entdeckt. Bei »Nonna Betta« im ehemaligen jüdischen Viertel bekommt man eine besonders köstliche Variante.

Für 4 bis 6 Personen

Meersalz

500 g Löwenzahnblätter

3 EL natives Olivenöl extra, nach Geschmack auch mehr

3 Knoblauchzehen, zerdrückt

2 TL getrockneter *peperoncino* oder rote Chiliflocken

500 g Spaghetti

30 g Pecorino Romano, frisch gerieben (nach Belieben)

2,5-cm-Stück *bottarga*

In einem großen Topf Wasser mit etwas Salz erhitzen, bis es sprudelnd kocht. Wenn sich das Salz aufgelöst hat, die Löwenzahnblätter hineingeben und etwa 1 Minute blanchieren. Die Blätter in einen Durchschlag abgießen und etwa 10 Minuten abkühlen lassen, dann gründlich ausdrücken und grob hacken. Beiseitestellen.

Das Olivenöl in einer großen Pfanne auf mittlerer Stufe erhitzen. Wenn das Öl zu schimmern beginnt, den Knoblauch darin 5 Minuten goldgelb braten. Den *peperoncino* zufügen und 30 Sekunden mitgaren, bis er duftet. Den Löwenzahn zugeben etwa 10 Minuten mitdünsten, bis er zusammenfällt.

Inzwischen in einem großen Topf Wasser mit etwas Salz auf hoher Stufe zum Kochen bringen. Wenn sich das Salz aufgelöst hat, die Pasta zugeben und al dente kochen (Seite 34). Abgießen und in eine große Servierschüssel geben. Löwenzahnblätter und, falls verwendet, Pecorino zugeben und gründlich mischen. Nach Geschmack mit zusätzlichem Olivenöl beträufeln.

Die Pasta auf Teller verteilen und über jede Portion etwas *bottarga* reiben.

hraimi con couscous

PIKANTER FISCH MIT COUSCOUS

HRAIMI ist ein pikantes Fischgericht, das traditionell am Sabbat gegessen wird und zu den Klassikern der *cucina tripolina* (Seite 119), der Küche der libyschen Juden gehört. Es braucht etwas Zeit, bis die mit Pecorino abgeschmeckte Sauce den Fisch aromatisiert, darum sollte man das Gericht am Vortag kochen und über Nacht gut durchziehen lassen. Das entspricht im Übrigen auch dem Charakter des Sabbats. Am besten schmeckt der Fisch, wenn er 20 Minuten vor der Zubereitung gesalzen wird.

Für 4 Personen

60 ml natives Olivenöl extra

2 Zwiebeln, gewürfelt

Meersalz

1 EL Paprika rosenscharf

1 EL getrockneter *peperoncino* oder rote Chiliflocken

1 TL gemahlener Kümmel

1 EL gemahlener Kreuzkümmel

60 g Tomatenmark

1½ EL frisch gepresster Zitronensaft

1 kg Gelbschwanzmakrelen-Steaks oder Wolfsbarschfilets, ca. 3,5 cm dick, 20 Minuten vorher gesalzen

450 g gegarter Couscous

Das Olivenöl in einem mittelgroßen Topf auf niedriger bis mittlerer Stufe erhitzen. Wenn das Öl zu schimmern beginnt, die Zwiebeln mit etwas Salz hineingeben und unter ständigem Rühren 20 Minuten dünsten, bis sie glasig und sehr weich sind. Paprika, *peperoncino,* Kümmel und Kreuzkümmel zugeben und 1 Minute mitdünsten, bis die Gewürze duften. Das Tomatenmark einrühren und 2 Minuten köcheln lassen, bis die Mischung dunkelrot wird. Den Zitronensaft und 250 ml Wasser einrühren. Abgedeckt bei niedriger Temperatur 15–20 Minuten köcheln lassen, zwischendurch umrühren.

Den Fisch vorsichtig in die Sauce legen und auf mittlerer Stufe 15 Minuten garen, bis er nicht mehr glasig aussieht (je nach Dicke auch länger, man rechnet 10 Minuten pro 2,5 cm Dicke).

Sofort oder am nächsten Tag mit gegartem Couscous servieren.

triglie con cipolle, pinoli, e uvetta

ROTBARBE MIT ZWIEBELN, PINIENKERNEN UND ROSINEN

YOM KIPPUR, der Tag der Versöhnung, ist für Juden in aller Welt der höchste Feiertag, vor allem aber für Gemeinden wie die in Rom, die durch jahrhundertelange Verfolgung die Traditionen in besonderer Weise würdigen. Dies ist eines der Gerichte, die typischerweise am Abend des Feiertags serviert werden, nachdem tagsüber gefastet wurde. Pinienkerne und Rosinen lassen darauf schließen, dass das Gericht ursprünglich von den sephardischen Juden stammt. Der Fisch schmeckt am besten, wenn er etwa 1 Stunde vor der Zubereitung gesalzen wird.

Für 4 bis 6 Personen

60 ml natives Olivenöl extra

3 Zwiebeln, in dünne Ringe geschnitten

Meersalz

40 g Pinienkerne, leicht geröstet

60 g Rosinen

60 ml Weißweinessig

1 ganze Rotbarbe (1 kg), geschuppt, ausgenommen, abgespült und 1 Stunde vorher gesalzen

Den Backofen auf 180 °C vorheizen.

Das Olivenöl in einer mittelgroßen ofenfesten Pfanne auf mittlerer Stufe erhitzen. Wenn das Öl zu schimmern beginnt, die Zwiebeln mit etwas Salz zugeben und 10 Minuten dünsten, bis sie glasig sind. Pinienkerne, Rosinen, Essig und 125 ml Wasser zugeben, den Fisch darauflegen und die Flüssigkeit zum Köcheln bringen.

Den Deckel auflegen und in den vorgeheizten Ofen geben. 10 Minuten garen, dann den Deckel abnehmen und weitere 5 Minuten backen, bis der Fisch gar ist. Aus dem Ofen nehmen und warm servieren.

scaloppine con lattuga ripiena

KALBSSCHNITZEL MIT GEFÜLLTEM SALAT

KOPFSALAT, Endivie, Mangold und Löwenzahnblätter spielen in der Küche der römischen Juden eine wichtige Rolle. Als im 17. Jahrhundert die Gesetze, die den Verzehr von Fleisch und Fisch beschränkten, auch auf Obst und Gemüse ausgeweitet wurden, blieb kaum mehr als Salat und Wildpflanzen. Bis heute finden sich unter den klassischen Gerichten der Gemeinde viele, die grünes Blattgemüse enthalten und an diese Zeiten erinnern. Hier wird Salat mit Oliven und Sardellen gefüllt und als Beilage zu dünnen Kalbsschnitzeln serviert.

Für 4 Personen

60 g Weizenmehl (Type 405)

750 g Kalbsschnitzel, trocken getupft und 3 mm dünn plattiert

Meersalz und frisch gemahlener schwarzer Pfeffer

4 gesalzene Sardellen, gesäubert (siehe unten) und sehr fein gehackt

8 schwarze Oliven, entsteint und sehr fein gehackt

1 großer Kopf Romanasalat, längs geviertelt

2 EL natives Olivenöl extra

Das Mehl in eine mittelgroße flache Schüssel geben. Das Fleisch auf beiden Seiten mit Salz und Pfeffer würzen, dann im Mehl wenden und überschüssiges Mehl abschütteln. Beiseitestellen.

Sardellen und Oliven in einer kleinen Schüssel vermengen. Die Mischung in die Zwischenräume der Salatblätter füllen. Beiseitestellen.

Das Olivenöl in einer mittelgroßen Pfanne auf mittlerer Stufe erhitzen. Wenn das Öl zu schimmern beginnt, die Kalbsschnitzel etwa 1 Minute von jeder Seite braten, bis sie hellbraun sind. Auf eine Servierplatte legen und warm stellen.

Die gefüllten Salatviertel in die Pfanne geben, salzen und pfeffern. Den Deckel auflegen und die Salatviertel etwa 2 Minuten braten, bis sie auf einer Seite braun, im Herzen aber noch knackig sind. Zu den Kalbsschnitzeln servieren und mit der restlichen Öl-Sardellen-Olivenmischung aus der Pfanne beträufeln.

Anstelle von Sardellen in Öl empfehlen wir die eingesalzene Variante, weil sie viel besser schmeckt. Eingesalzene Sardellen sind in italienischen Spezialitätengeschäften und Online-Shops erhältlich. Zum Säubern unter fließendem, kaltem Wasser das Salz mit den Fingern behutsam abreiben. Dabei lösen sich auch die Schuppen. Die Schwanzflosse abbrechen, dann die Mittelgräte lockern und entfernen. Gut abspülen und etwa 15 Minuten in kaltes Wasser legen. Danach probieren. Wenn sie immer noch sehr salzig sind, nochmals wässern, bis sie nur noch schwach salzig schmecken.

---

aliciotti con l'indivia

SARDELLEN MIT ENDIVIENSALAT

NACH *carciofi alla giudia* ist dies eines der berühmtesten Gerichte der römisch-jüdischen Küche. Es wurde im 17. Jahrhundert häufig im Ghetto zubereitet, weil per Gesetz auch die Fischarten, die die Juden kaufen durften, streng reglementiert waren. Die bescheidene Herkunft bedeutet aber nicht, dass es dem Gericht an Geschmack mangelt. Nach Belieben können Sie es mit feinen oder groben Semmelbröseln bestreuen oder ganz auf diese Garnierung verzichten, um das zartbittere Gemüse und den aromatischen frischen Fisch pur zu genießen.

Für 6 bis 8 Personen

Meersalz

1 großer Kopf Endiviensalat

3 EL natives Olivenöl extra

frisch gemahlener schwarzer Pfeffer

500 g frische Sardellen, ausgenommen und filetiert

60 g gewürzte Semmelbrösel (Seite 164; nach Belieben)

Den Backofen auf 200 °C vorheizen.

In einem großen Topf Wasser auf hoher Stufe zum Kochen bringen, bis es sprudelt. Etwas Salz ins Wasser geben und wenn es sich aufgelöst hat, den Endiviensalat hineingeben und 1 Minute blanchieren. Abgießen, ausdrücken und beiseitestellen.

Die Hälfte des Öls in eine runde Backform (30 cm Ø) gießen. Die Hälfte der Endiviensalatblätter auf dem Formboden verteilen. Großzügig mit Salz und Pfeffer würzen, dann die Sardellenfilets strahlenförmig darauf anordnen. Eine weitere Lage Endiviensalat darüberschichten und wieder Sardellenfilets auflegen. Nach Belieben gleichmäßig mit Semmelbröseln bestreuen, dann mit dem restlichen Olivenöl beträufeln.

20 Minuten backen, bis die Oberseite goldbraun ist. Flüssigkeit, die sich in der Form gesammelt hat, abgießen. In Tortenstücke schneiden und warm oder bei Raumtemperatur servieren.

16

LA CUCINA TRIPOLINA

AM MORGEN des 6. Juni 1967 kam es in den libyschen Städten Tripolis und Bengasi zu gewaltsamen antisemitischen Ausschreitungen. Jüdische Geschäfte wurden zerstört, Häuser konfisziert, viele Juden wurden verletzt oder getötet. Die Regierung versuchte, die jüdischen Bürger zu evakuieren. Sie stellte Ausreisevisa aus, die keine Möglichkeit zur Rückkehr boten. Am Ende des Jahres waren etwa 5000 libysche Juden per Schiff oder Flugzeug nach Italien geflohen. Einige kamen in dem jüdischen Viertel um die Piazza Bologna unter, andere wurden in einem Flüchtlingslager südlich von Rom einquartiert. Es gibt zwar keine offiziellen Zahlen, doch es wird angenommen, dass etwa 1500 bis 1800 Menschen blieben, während andere nach Israel umsiedelten. Heute leben in Rom etwa 4500 libysche Juden. Sie machen etwa ein Drittel der jüdischen Gemeinde der Stadt aus.

Grundsätzlich haben in Religionsgemeinschaften, die in der Diaspora leben, Familienzusammenhalt und religiöse Identität einen besonderen Stellenwert – das gilt auch für die libyschen Juden. Ihre Küche war und ist ein wichtiger Ausdruck ihrer kulturellen Identität. Für die erste Generation libyscher Juden war die *cucina tripolina* eine tägliche Selbstverständlichkeit. Sie ist nach der libyschen Hauptstadt Tripoli benannt und knüpft an die Aromen und Zubereitungsweisen Nordafrikas an. Charakteristisch sind Schmorgerichte mit Gewürzen wie Zimt, Kreuzkümmel, Kümmel, Paprika und Kurkuma. Hinzu kommen Knoblauch, Pfeffer, Zwiebel, koscheres Fleisch und Fisch.

Viele jüdische Metzger, Restaurant- und Ladenbesitzer im ehemaligen Ghetto und an der Piazza Bologna haben ihre Wurzeln in Libyen. Sie bewahren die Traditionen und geben sie weiter. Typische Gerichte sind *Hraimi con Couscous* (Seite 113), *mafrum* (gefülltes Gemüse), *shakshuka* (Eier in pikanter Tomatensauce), *lubya b'selk* (Bohnen mit Spinat), *taershi* (ein Kürbisaufstrich mit Knoblauch) und *brik. Ajij*, vergleichbar mit *Pizzarelle* (Seite 124), Plätzchen und Gebäck aus Filoteig werden mit Honig oder Sirup gesüßt und mit getrockneten Früchten, Nüssen und Sesam ergänzt. All diese aromatischen Spezialitäten erinnern die libyschen Juden an ihre verlorene Heimat.

brodo di pesce

FISCHSUPPE

AM PORTICO D'OTTAVIA, einer Backstein- und Marmorruine am Rand des ehemaligen Ghettos, gab es über acht Jahrhunderte hinweg einen Fischmarkt. Als das Ghetto noch existierte, kauften hier viele Juden ihre Lebensmittel ein. Sie bereiteten aus kleinen Fischen und Fischbruch mit Gemüse aromatische Brühen zu. Das Ghetto und den Fischmarkt gibt es nicht mehr, aber der Portico d'Ottavia steht noch immer wie ein stummer Zeuge dieser bescheidenen Küche dort. Und noch heute führen die römischen Juden die Tradition fort, aus *pesce azzuro* (»blaue Fische«), also fetthaltigen Seefischen wie Makrele, Sardine und Sardelle, herzhafte Fischsuppen zuzubereiten.

Für 4 bis 6 Personen

90 ml natives Olivenöl extra

2 Karotten, gewürfelt

2 Selleriestangen, gewürfelt

1 Zwiebel, gewürfelt

2 Knoblauchzehen, zerdrückt

1 TL Meersalz

875 g passierte Tomaten

Blätter von 6 frischen Stängeln glatter Petersilie, gehackt

750 g Makrelen, Sardinen oder Sardellen, ausgenommen und filetiert

Das Olivenöl in einem großen Topf auf niedriger bis mittlerer Stufe erhitzen. Wenn das Öl zu schimmern beginnt, Karotten, Sellerie, Zwiebel und Knoblauch zufügen und 15 Minuten dünsten, bis die Zwiebel glasig ist und das übrige Gemüse weich wird. Mit dem Salz würzen, dann passierte Tomaten und Petersilie einrühren.

Zum Kochen bringen, die Fischfilets zugeben und bei mittlerer Hitze köcheln lassen, bis der Fisch gar ist.

Den Topf vom Herd nehmen. Nach Belieben kann die Suppe durch die grobe Scheibe einer Passiermühle gedreht werden. Abschmecken und sofort servieren.

polpette di pollo in bianco

HÜHNERKLÖSSCHEN IN WEISSWEINSAUCE

IN DER ARMELEUTEKÜCHE wird nichts verschwendet – vor allem altes Brot nicht. In der *cucina ebraica* wurde es zu Zeiten des Ghettos als sättigende Zutat in Fleischklößen verwendet. Heute ist Fleisch und Geflügel überall zu bekommen, und der Brotanteil der Klößchen hat sich verringert. In diesem Gericht wird ein altes Rezept aus dem Ghetto mit neueren Einflüssen – Gewürzen und Pistazien – aus der *cucina tripolina* (Seite 119) kombiniert. Die Klößchen werden nicht in Tomatensauce serviert, sondern in einer Weißweinsauce.

Ergibt 30 bis 35 polpette

3 Scheiben Brot vom Vortag, ohne Kruste

250 ml Hühnerbrühe oder Wasser, erwärmt, plus etwas mehr zum Kochen

875 g Hühnerhackfleisch

2 große Eier, leicht verquirlt

1 Knoblauchzehe, zerdrückt

1 TL Meersalz plus etwas mehr zum Würzen

frisch gemahlener schwarzer Pfeffer

½ TL gemahlener Zimt

¼ TL frisch geriebene Muskatnuss

3 EL gehackte Pistazien

2 EL fein gehackte glatte Petersilie

90 ml natives Olivenöl extra

2 mittelgroße Schalotten, fein gehackt

60 g Mehl (Type 405)

125 ml trockener Weißwein

1 ½ EL frisch gepresster Zitronensaft

Das Brot einige Minuten in der warmen Hühnerbrühe einweichen, dann gut ausdrücken und in eine große Schüssel geben. Die restliche Brühe aufbewahren.

Hühnerhackfleisch, Eier, Knoblauch, Salz, Pfeffer nach Geschmack, Zimt, Muskatnuss, Pistazien und die Hälfte der Petersilie zugeben und alles mit den Händen verkneten. Aus der Masse walnussgroße Klöße formen und beiseitestellen.

In einer großen Pfanne das Olivenöl auf mittlerer Stufe erhitzen. Wenn das Öl zu schimmern beginnt, die Schalotten mit 1 Prise Salz zugeben und etwa 5 Minuten weich dünsten. Inzwischen die Hühnerfleischklößchen mit dem Mehl bestäuben (dafür eignet sich ein feines Sieb gut) und überschüssiges Mehl abschütteln. Die Klöße in die Pfanne geben und rundherum braun anbraten. Den Wein zugießen und den Bodensatz mit einem Kochlöffel oder Spatel lösen. 1 Minute kochen, bis der Alkohol verdampft ist. So viel Brühe oder Wasser zugeben, bis die Klößchen zur Hälfte eingetaucht sind. Abgedeckt bei niedriger Temperatur 10–15 Minuten unter gelegentlichem Rühren köcheln lassen, bis die Sauce sämig ist.

Mit dem Zitronensaft abschmecken, mit der restlichen Petersilie bestreuen und warm oder bei Raumtemperatur mit der Sauce servieren.

Wenn die Fleischmasse sehr klebrig ist, feuchten Sie die Hände vor dem Formen der Klöße mit warmem Wasser an.

MAGLIER
BIANCHER
7
Sport
JUVE, BRIVIDI E SORRISI
14.90
PURO COTONE
OFFERTA
3 COLLANT
COPRENTI 40 DEN
€ 890
CARESSE
6 COLLANT
€.4.80

REZZI INGROSSO
9
OFFERTA
BODI E
COMPLETI
MAGLIA BIMBO
COTONE E LANA
OFFERTA
€ 3.50
OFFERTA
OFFERTA
EURO 2/00

pizzarelle

MATZEKRAPFEN MIT HONIG

IN DER GENERATIONENALTEN koscheren Bäckerei Boccione »Il Forno del Ghetto« in der Via Portico d'Ottavia gibt es nur an wenigen Tagen im Jahr *pizzarelle*. Die Bäcker bereiten sie nur zum Pessachfest zu, und aufgrund der Feiertagsgesetze ist die Bäckerei den größten Teil dieser Zeit geschlossen. Wer aber zum richtigen Zeitpunkt kommt, kann diese besondere Spezialität ergattern. Ein Besuch bei Boccione lohnt sich aber immer, denn Klassiker wie Kuchen mit cremiger Ricotta-Füllung oder *Biscotti con Mandorle e Cannella* (Seite 126) gibt es rund ums Jahr. Lassen Sie sich nicht davon abschrecken, dass fast alles, was im Angebot ist, leicht versengt aussieht. Das ist das Markenzeichen dieser beliebten Bäckerei. Falls Sie zur falschen Jahreszeit dort sind, können Sie *pizzarelle* nach diesem Rezept hier backen.

***Ergibt 20 bis 24* pizzarelle**

4 Matzefladen

1 großes Ei, getrennt

5 EL Zucker

80 g Pinienkerne

60 g Rosinen

1½ TL abgeriebene Bio-Orangenschale

1 Prise Meersalz

geschmacksneutrales Öl (Seite 27) zum Frittieren

Honig zum Servieren

Die Matzefladen in große Stücke brechen und in eine mittelgroße Schüssel legen. Mit so viel Wasser übergießen, dass auch die Ränder untergetaucht sind. 15 Minuten einweichen, dabei alle 5 Minuten wenden, bis die Matzestücke durchfeuchtet und weich sind und keine harten Stellen mehr aufweisen.

Abgießen und gründlich ausdrücken, dann in eine andere mittelgroße Schüssel geben. Eigelb, Zucker, Pinienkerne, Rosinen, Orangenschale und Salz zufügen und alles gut verrühren. In einer weiteren Schüssel das Eiweiß zu steifem Eischnee schlagen. Den Eischnee vorsichtig unter den Matzeteig heben, bis keine Streifen mehr zu sehen sind. Der Teig muss dennoch luftig bleiben.

In eine kleine tiefe Pfanne 5 cm hoch geschmacksneutrales Öl geben und auf 180 °C erhitzen. Mit zwei Löffeln oder einem kleinen Eiskugelportionierer vorsichtig kleine Teigportionen ins heiße Fett geben. 5 Minuten goldbraun frittieren, zwischendurch wenden.

Einige Minuten auf Küchenpapier abtropfen lassen, dann auf einen Teller legen und vor dem Servieren mit Honig beträufeln.

frittata di zucca

KÜRBIS-FRITTATA

ÜBERALL auf der Welt versammeln sich zu Rosh Hashanah die Familien, um das jüdische Neujahrsfest zu feiern. Zum üppigen Festmahl gibt es verschiedene Lebensmittel mit Symbolcharakter, darunter Äpfel, Granatäpfel, Rote Bete und Kürbisse. Roms sephardische Juden bevorzugen eine einheimische Kürbissorte, die Böses abwenden und für das bevorstehende Jahr Gutes verheißen soll. Hier wird der symbolträchtige Kürbis mit Eiern kombiniert, die in der jüdischen Tradition ebenfalls eine wichtige Rolle spielen. Sie werden in der *cucina ebraica* häufig verwendet, weil sie *parve* oder neutral sind und darum zu jeder koscheren Mahlzeit – auf Basis von Fleisch oder Milchprodukten – verzehrt werden können.

Ergibt 1* frittata *für 4 bis 6 Personen

60 ml natives Olivenöl extra

2 mittelgroße rote Zwiebeln, in dünne Ringe geschnitten

¼ TL Meersalz plus etwas mehr zum Würzen

500 g Butternusskürbis (oder anderer Winterkürbis), geschält, entkernt und in 1 cm große Würfel geschnitten

2 mittelgroße Kartoffeln, geschält und in 1 cm große Würfel geschnitten

1 EL frisch gehackter Salbei

¼ TL gemahlener Zimt

8 große Eier

frisch gemahlener schwarzer Pfeffer

Die Frittata gart im Backofen besonders gleichmäßig.

Den Backofen auf 165 °C vorheizen.

Das Olivenöl in einer großen ofenfesten Pfanne auf niedriger Stufe erhitzen. Wenn das Öl zu schimmern beginnt, die Zwiebeln mit 1 Prise Salz zugeben und etwa 10 Minuten weich und glasig dünsten. Kürbis, Kartoffeln, Salbei, Zimt und noch 1 Prise Salz zugeben. Auf mittlere Temperatur umschalten und das Gemüse unter ständigem Rühren 15 Minuten dünsten, bis es gar ist. Falls das Gemüse am Pfannenboden ansetzt, einige Esslöffel Wasser zugeben. Das Gemüse sollte weich sein, aber nicht zu stark braunen.

Inzwischen die Eier in einer großen Schüssel mit Salz und Pfeffer nach Geschmack verquirlen. Wenn das Gemüse gar ist, die Eiermischung in die Pfanne gießen. Die Masse einige Male mit einem Holzspatel vom Rand zur Mitte schieben. Wenn die Eier nach etwa 1 Minute am Pfannenrand zu stocken beginnen, den Herd ausschalten und die Pfanne in den vorgeheizten Backofen geben. Die Frittata 10–15 Minuten backen, bis sie sich am Rand von der Pfanne löst.

Die Pfanne aus dem Ofen nehmen und die Frittata etwa 30 Minuten abkühlen lassen. Vorsichtig mit einem Spatel aus der Form lösen und auf eine Servierplatte gleiten lassen. In Tortenstücke schneiden und bei Raumtemperatur servieren.

biscotti con mandorle e cannella

BISCOTTI MIT MANDELN UND ZIMT

BISCOTTI werden überall in Italien gebacken, aber dies ist ein besonderes Rezept nach jüdischer Tradition. Für unsere Version stand die Boccione »Il Forno del Ghetto« Pate, der stets vollen, spartanisch eingerichteten Bäckerei, in der liebenswert-knurrige Damen die Biscotti verkaufen.

Ergibt 36 **biscotti**

340 g ganze Mandeln

350 g Weizenmehl (Type 405) plus etwas mehr zum Bestäuben

310 g Zucker

½ TL Meersalz

1½ EL gemahlener Zimt

1½ TL Backpulver

3 große Eier

3 große Eigelb

2 TL Vanilleextrakt

1 TL abgeriebene Bio-Orangenschale

1 EL Vollmilch

Den Backofen auf 180 °C vorheizen. Ein Backblech mit Backpapier auslegen. Die Mandeln darauf verteilen und 10 Minuten im vorgeheizten Ofen rösten. Aus dem Ofen nehmen und etwa 20 Minuten abkühlen lassen. Den Ofen nicht ausschalten. Die Mandeln vom Blech nehmen und dieses beiseitestellen.

In einer großen Schüssel Mehl, Zucker, Salz, Zimt und Backpulver verrühren. In einer anderen Schüssel die Eier, 2 Eigelb, Vanilleextrakt und Orangenschale verrühren.

Die abgekühlten Mandeln zur Mehlmischung geben, dann die Eiermischung dazugießen. Alles mit einem Löffel verrühren, dann den Teig durchkneten, um die Mandeln gleichmäßig zu verteilen.

Den Teig auf einer leicht bemehlten Arbeitsfläche halbieren. Jede Teighälfte zu einer 3,5 cm dicken Rolle formen. Die Rollen auf das ausgelegte Backblech setzen, dazwischen mindestens 5 cm Abstand lassen. Die Rollen etwas flach drücken. Sie sollen etwa 2,5 cm hoch sein.

In einer kleinen Schüssel das restliche Eigelb mit der Milch verrühren. Die Teigrollen mit der Eigelbmilch einpinseln.

Die Teigrollen 30 Minuten backen, dann aus dem Ofen nehmen und etwa 30 Minuten abkühlen lassen. In 1 cm dicke Scheiben schneiden (je ca. 18 Scheiben). Die Scheiben auf das Backblech legen und nochmals 15 Minuten backen, bis der Teig auf Fingerdruck nicht mehr nachgibt.

Aus dem Ofen nehmen, 10 Minuten auf dem Backblech abkühlen lassen, dann auf einem Kuchengitter ganz erkalten lassen. In einem fest schließenden Behälter können die Biscotti etwa 10 Tage aufbewahrt werden.

QUINTO QUARTO

Als der Schlachthof in Testaccio (Seite 132) zwischen 1880 und 1975 in Betrieb war, waren die hochwertigen Fleischzuschnitte Adligen, wichtigen Mitgliedern der Stadtverwaltung und Soldaten vorbehalten. Die Schlachter und Schlachthofarbeiter sowie die Römer der Unterschicht aßen die minderwertigen Zuschnitte und Innereien – das sogenannte *quinto quarto* (»fünfte Viertel«), da sie etwa ein Viertel des Gesamtgewichts eines Schlachttiers ausmachten. Innereien stehen heute nicht mehr so hoch im Kurs wie früher, aber die Gerichte, die in den einfachen Tavernen rund um den Schlachthof entstanden, kommen noch heute in Restaurants und Privathaushalten auf den Tisch.

fettuccine con rigaglie di pollo

FETTUCINE MIT RAGÙ AUS HÜHNCHENINNEREIEN

IM LÄNDLICHEN Umfeld von Rom gehörte früher frische Pasta mit einem herzhaften Ragù aus Hühncheninnereien zu den Klassikern. Bauern und Landarbeiter schätzten Mahlzeiten, für die Geflügel die Zutaten lieferte – von Pasta aus Eierteig in Tomatensauce, angereichert mit Hühnerherzen, -mägen oder -leber, gefolgt von *Pollo alla romana* (Seite 89), geschmortem Hähnchen mit Tomaten und Paprika. Dieses Gericht, das insbesondere in den Sommermonaten in den Restaurants serviert wird, schmeckt auch Großstadtbewohnern. Wenn Sie keine Hühnerherzen und -mägen bekommen, können Sie das Rezept auch nur mit Hühnerleber zubereiten.

Für 4 bis 6 Personen

Meersalz

125 g Hühnermägen, gesäubert

2 EL natives Olivenöl extra

1 Zwiebel, gewürfelt

1 Karotte, gewürfelt

1 Selleriestange, gewürfelt

125 g Hühnerherzen, gehackt

250 ml Weißwein

440 g gewürfelte Tomaten aus der Dose

125 g Hühnerleber, gehackt

500 g Fettuccine

60 g Pecorino Romano, frisch gerieben

In einem mittelgroßen Topf Wasser mit etwas Salz auf niedriger Stufe zum Köcheln bringen. Wenn sich das Salz aufgelöst hat, die Hühnermägen darin bei niedriger Hitze etwa 2 Stunden leicht köcheln lassen, bis sie gar sind. Abgießen, abkühlen lassen und in 5 mm große Stücke schneiden.

Das Olivenöl in einem großen Topf bei mittlerer Temperatur erhitzen. Wenn das Öl zu schimmern beginnt, Zwiebel, Karotte, Sellerie und 1 Prise Salz zugeben und 15 Minuten dünsten, bis das Gemüse weich ist. Die Hühnerherzen zufügen und einige Minuten mitgaren, bis sie Farbe annehmen. Den Weißwein zugießen und 1 Minute kochen, bis der Alkohol verdampft ist. Die Tomaten zugeben und 30 Minuten auf niedriger Stufe köcheln lassen, bis eine dickliche Sauce entstanden ist. Hühnerleber und -mägen zufügen. Falls sie zusammenkleben, Klumpen mit einem Kochlöffel zerkleinern. 1 Minute köcheln lassen, bis die Leberstücke gar, aber nicht hart sind.

Während die Tomatensauce kocht, in einem großen Topf Wasser mit etwas Salz bei hoher Temperatur erhitzen, bis es sprudelnd kocht. Wenn sich das Salz aufgelöst hat, die Pasta hineingeben und al dente (Seite 34) garen.

Die Fettuccine abgießen und das Kochwasser auffangen. Die Pasta in die Sauce geben und gut umrühren. Falls nötig, die Sauce mit etwas Kochwasser verdünnen. Abschmecken.

Auf Teller verteilen und die Portionen mit dem Pecorino bestreuen.

Damit die Hühnerleber nicht zu lange gegart wird, gibt man sie erst in den Topf, wenn die Pasta gerade al dente gegart ist.

TESTACCIO

KEIN BEZIRK in Roms historischem Stadtzentrum hat sich seinen typischen Charakter so gut bewahrt wie Testaccio. Die besondere Atmosphäre des Viertels hat sich vielleicht deshalb so entwickelt, weil es auf zwei Seiten von einer Schleife des Tibers umgeben ist. Mauern, die im 3. Jahrhundert entstanden sind, und die unteren Hänge des Monte Aventino bilden die restlichen Grenzen. Im Gegensatz zu anderen Bezirken im Zentrum Roms wurde Testaccio nach städteplanerischen Kriterien erbaut. Als es im späten 19. und frühen 20. Jahrhundert für Industrie und Wohnungsbau erschlossen wurde, legte man ein geometrisches Muster aus Straßen und Plätzen an.

Testaccios Geschichte reicht aber viel weiter zurück. Nahrungsmittel und Handel spielen seit 2000 Jahren eine Rolle. In der Antike wurden hier farbiges Gestein aus der Türkei, Tunesien und Griechenland sowie Olivenöl und Wein aus Spanien und Nordafrika angeboten. Von diesem Handel zeugen die freigelegten Ruinen beim Ponte Sublicio, der Brücke zwischen Testaccio und Trastevere. Das wichtigste Zeugnis von Testaccios Bedeutung im römischen Handel legt aber der Monte dei Cocci ab, der auch Monte di Testaccio genannt wird. Der aufgeschüttete Hügel mit fast einem Kilometer Umfang und einer Höhe von ca. 38 Metern besteht aus Millionen von Terrakotta-Amphoren. In den Behältern aus gebranntem Ton wurde vor allem im 2. bis 4. Jahrhundert Olivenöl nach Rom transportiert. Die Behälter wurden auf einen großen Haufen geworfen, wenn sie beschädigt und unbrauchbar geworden waren. Heute sind sie ein Wahrzeichen des modernen Testaccio.

Im 4. Jahrhundert ging der Handel Roms stark zurück, und Testaccio wurde verlassen. Über 1000 Jahre lang waren Testaccio und der Hügel nur dünn besiedelt. Schäfer ließen hier ihre Herden weiden und bauten sich in den Hängen Unterstände als Wetterschutz. Die Natur überwucherte die Ruinen, und Hunderte Pflanzenarten siedelten sich an, von denen manche noch heute hier wachsen. Im Mittelalter fanden in der idyllischen Szenerie von Testaccio Karnevalsveranstaltungen statt, und in der Renaissance war der Gipfel des Monte di Testaccio das Ziel der *Via Crucis* am Karfreitag. Im 18. Jahrhundert wurde hier das herbstliche Erntefest *ottobrate romane* gefeiert.

Die Geschichte des modernen Testaccio begann mit der Eröffnung des Schlachthofs am Ufer des Tiber im Jahr 1887. Der große Gebäudekomplex nahm eine Fläche von mehr als 9 Hektar zwischen dem Monte dei Cocci und dem Tiber ein. Die Gebäude, in denen Tiere geschlachtet, gehäutet und zerlegt wurden, stehen noch heute, der Schlachthofbetrieb wurde jedoch 1975 eingestellt. Historische *osterie* und Metzger gibt es nach wie vor in Testaccio, und viele bieten als Spezialität *quinto quarto* an.

Heute servieren Restaurants wie »Checchino dal 1887« und »Flavio al Velavevodetto«, beide in den Monte dei Cocci hineingebaut, für eine gut betuchte Kundschaft *quinto-quarto*-Klassiker wie Kutteln, Ochsenschwanz, Därme, Schweinefüße und Brägen an. In der Nähe verkaufen auf dem 2012 eröffneten Nuovo Mercato di Testaccio, Metzgereien wie »Macelleria Sartor« Innereien, und bei »Mordi e Vai« kann man Sandwiches mit geschmorten Innereien und »Armeleutefleisch« kaufen. In die Schlachthofgebäude sind ein Ableger der Architektur-Fakultät der Universität und ein Freizeittreff für Rentner eingezogen. Ein Museum für moderne Kunst (MACRO) nutzt einen großen Bereich mit ehemaligen Gebäuden und Höfen für Installationen und Ausstellungen. In einem anderen Teil befindet sich eine Flüchtlingsunterkunft, und nebenan bietet die »Città dell'Altra Economia« mit Café, Supermarkt und sonntäglichem Markt Bio-Lebensmittel an. Testaccio ist seiner engen Beziehung zum Lebensmittelhandel also in vielerlei Hinsicht treu geblieben.

animelle con marsala

BRIES MIT MARSALA

ALS BRIES bezeichnet man die Thymusdrüse von Kälbern und Lämmern, die sich mit Erreichen des Erwachsenenalters zurückbildet. Wie das Fleisch der Jungtiere ist auch das Bries zart und köstlich, wenn es richtig zubereitet wird. In diesem Rezept rundet ein Schuss Marsala, ein Wein von der Westküste Siziliens, den Geschmack ab. Obwohl der Dessertwein nicht in Roms Umland produziert wird, ist er hier sehr beliebt und wird seit über einem Jahrhundert für süße und herzhafte Speisen verwendet. Das Bries muss vor der Zubereitung gewässert werden, um Blut und Verunreinigungen zu entfernen. Das Wasser wird so oft gewechselt, bis es klar bleibt. Dass Bries in Milch eingelegt werden muss, ist jedoch ein Ammenmärchen.

Für 4 bis 6 Personen

Meersalz

500 g Kalbsbries, gewässert

frisch gemahlener schwarzer Pfeffer

Weizenmehl (Type 405) zum Wälzen

3 EL gesalzene Butter

90 ml Marsala

1 EL frisch gepresster Zitronensaft

Eine große Schüssel mit Wasser und Eis füllen. In einem großen Topf Wasser mit etwas Salz bei niedriger Temperatur zum Köcheln bringen. Wenn sich das Salz aufgelöst hat, das Bries darin 5 Minuten pochieren, dann sofort ins Eiswasser legen, um den Garprozess zu unterbrechen. Abkühlen lassen.

Das Bries in große Stücke brechen und die dünne Haut, die die Stücke umhüllt, abziehen. Mit Küchenpapier trocken tupfen. Mit Salz und Pfeffer würzen, dann in Mehl wenden und überschüssiges Mehl abschütteln.

Die Butter in einer großen Pfanne auf mittlerer Stufe zerlassen. Wenn sich der Schaum gesetzt hat, das Bries hineingeben und von jeder Seite 3 Minuten goldbraun braten. Aus der Pfanne nehmen und beiseitestellen. Den Marsala in die Pfanne gießen und den Bodensatz lösen. 1–2 Minuten kochen, bis der Alkohol verdampft ist und die Sauce etwas dicklich wird. Den Zitronensaft einrühren.

Das Bries sofort mit der Sauce servieren.

fegatelli di maiale

GEGRILLTE SCHWEINELEBER

LORBEERBLÄTTER, Schweinenetz, Schweineleber, Gewürze, Essig und Hitze – mehr brauchen Sie nicht für dieses einfache, köstliche Gericht. Früher wurde es im Winter zubereitet, wenn die Schweine geschlachtet wurden. Das Schweinenetz hält die Lorbeerblätter auf der Oberfläche der Leber fest, sodass das Aroma gut übertragen werden kann.

Für 4 Personen

500 g Schweineleber, in 4 rechteckige Stücke geschnitten

grobkörniges Salz und frisch gemahlener schwarzer Pfeffer

150 g Schweinenetz, in 4 Stücke (je 10 cm x 10 cm) geschnitten

60 ml Weißweinessig

4 frische Lorbeerblätter

geschmacksneutrales Öl (Seite 27) zum Braten

Die Leberstücke großzügig mit Salz und Pfeffer würzen und 30–60 Minuten ziehen lassen.

Inzwischen das Schweinenetz in einer mittelgroßen Schüssel in warmem Wasser mit dem Essig 20–30 Minuten einweichen. Aus der Schüssel nehmen und trocken tupfen.

Ein Stück Schweinenetz auf einer sauberen, trockenen Arbeitsfläche ausbreiten. Ein Stück Leber in die Mitte legen und darauf ein Lorbeerblatt platzieren. Das Schweinenetz um die Leber wickeln, sodass ein Päckchen entsteht. Die Außenseite mit Küchenpapier trocken tupfen. Drei weitere Päckchen vorbereiten.

Eine mittelgroße Grillpfanne oder eine eingeölte Pfanne auf hoher Stufe erhitzen. Wenn sie rauchend heiß ist oder das Öl zu schimmern beginnt, die Päckchen hineinlegen und von jeder Seite 4 Minuten braten. Die Leber soll innen noch rosa sein. Vom Herd nehmen, 2–3 Minuten ruhen lassen, dann servieren. Das Schweinenetz kann mitgegessen werden, die Lorbeerblätter jedoch nicht.

lingua in salsa verde

RINDERZUNGE MIT SALSA VERDE

IN ROM kauft man Rinderzunge im Ganzen. Sie wird gekocht und mit *salsa verde* serviert, einer Sauce mit viel Knoblauch und Petersilie, die ursprünglich aus dem Piemont stammt. Als ein König aus dem Piemont Italien 1870 einte, zogen Tausende von Menschen aus dem Norden in die italienische Hauptstadt, brachten ihre Würzsaucen mit und sicherten sich mit ihnen einen Platz in der römischen Küche. Für dieses Rezept wird die Zunge zuerst mit grobkörnigem Salz bestreut und mindestens 24 Stunden in den Kühlschrank gestellt.

Für 4 bis 6 Personen

1 ganze Rinderzunge (ca. 1 kg), 24 Stunden vorher gesalzen

1 Karotte

1 Selleriestange

1 Zwiebel

1 Lorbeerblatt

3–4 ganze Gewürznelken

250 ml trockener Weißwein

***salsa verde* (Rezept siehe unten) zum Servieren**

Die gesalzene Zunge in einen großen Topf legen, mit kaltem Wasser bedecken und langsam auf niedriger Stufe zum Kochen bringen. Aufsteigenden Schaum abschöpfen. Karotte, Sellerie, Zwiebel, Lorbeerblatt, Gewürznelken und Wein zugeben und das Ganze 2–3 Stunden köcheln lassen, bis das Fleisch gar ist (Gabelprobe) und sich die Haut leicht abziehen lässt. Den Herd ausschalten und die Zunge im Kochsud abkühlen lassen.

Die Zunge aus dem Topf nehmen, Kochsud und Gemüse entsorgen. Die Haut abziehen, sichtbare Adern entfernen, dann die Zunge quer in 5 mm dünne Scheiben schneiden. Auf Zimmertemperatur erwärmt mit der *salsa verde* servieren.

salsa verde

Ergibt ca. 350 ml

60 g frisches Weißbrot ohne Kruste, grob zerpflückt

2 EL Weißweinessig

2 Bund frische glatte Petersilie, Blätter abgezupft und gehackt

1 gesalzene Sardelle, gesäubert (siehe Seite 116), filetiert und gehackt

1 EL Kapern, gehackt

125 ml natives Olivenöl extra

In einer mittelgroßen Schüssel Brot und Essig mischen. 10 Minuten ruhen lassen, bis das Brot den Essig ganz aufgesogen hat. Petersilie, Sardellen und Kapern untermischen, dann langsam das Olivenöl gut unterrühren.

Die Sauce schmeckt auch gut zu *Polpette di Bollito* (Seite 52) oder *Insalata di Nervetti* (Seite 141).

LEBENSMITTEL IM WANDEL

DIE RÖMER sind geradezu süchtig nach den traditionellen Gerichten ihrer Stadt. Allerdings ändert sich diese Begeisterung zusehends. Vielleicht liegt es am Wandel der Esskultur, am veränderten Geschmack oder an neueren Gesetzen zur Lebensmittelhygiene, dass viele Lebensmittel, die einmal eine Hauptrolle in der Küche spielten, mehr und mehr verschwinden.

Ein Beispiel sind Aale aus dem Tiber. Jahrtausendelang haben die Römer frischen Fisch aus ihrem Fluss gegessen, aber durch die sinkende Nachfrage und die Gewässerverschmutzung ist die Zahl der Fischer rapide zurückgegangen. Die letzten Aalfischer sind die Brüder Cesare und Alfredo Bergamini. Der Verkauf von lebenden Aalen ist per Gesetz verboten, darum vermarkten sie ihren Fisch nun in Neapel, wo die Einhaltung solcher Gesetze weniger streng überwacht wird.

1992 wurde der Verkauf von Schweineblut verboten, das in der winterlichen Schlachtsaison als Nebenprodukt anfiel. Auch damit endete eine jahrhundertelange Tradition. Nach dem Schlachten wurden Blut und Innereien rasch verzehrt, weil sie leicht verdarben. Sie waren wichtige Zutaten für große Schlachtfeste. Schweineblut wurde sogar für Desserts verwendet. Es gab ihnen einen besonderen Geschmack und eine typische Konsistenz.

Im Zusammenhang mit dem Rinderwahn wurde der Verkauf von Kalbshirn und *pajata* (Därmen) 2001 verboten. Weil aber einige Römer die gekochten Därme von Milchkälbern als Delikatesse betrachteten, entwickelte sich bald ein kleiner Schwarzmarkt. Einige Fleischer und Restaurants boten trotz des Verbots *pajata* an, andere hielten sich an das Gesetz und verkauften stattdessen Lammdärme. Das Verbot bezüglich Kalbs-*pajata* wurde 2015 aufgehoben und alle, die sie lieben, können wieder legal in deren Genuss kommen.

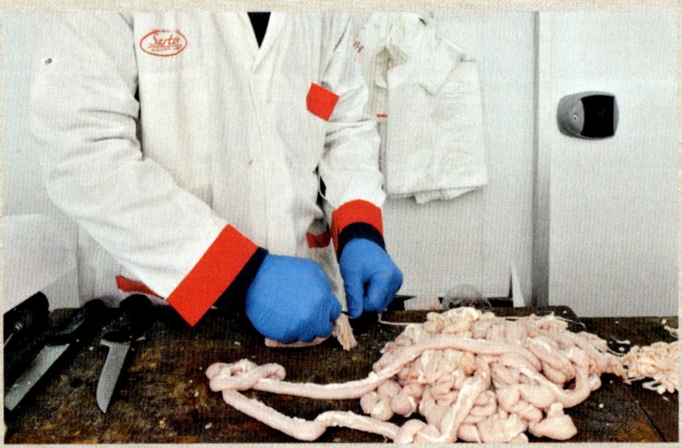

insalata di nervetti

GEKOCHTE KALBSKNORPEL UND -SEHNEN

NERVETTI nennt man den Knorpel in Knien von Rindern und Kälbern sowie die Sehnen der Unterschenkel. Um das Kollagen und Elastin, das die *nervetti* zäh macht, essbar weich zu bekommen, müssen sie lange bei niedriger Hitze gegart werden. Danach haben sie immer noch eine gummiartige Konsistenz, doch arme Leute hätten sie früher gewiss nicht verschmäht. Im klassischen Rezept werden die *nervetti* mit Karotten, Sellerie, Bohnen und etwas *salsa verde* gemischt und als Vorspeise serviert.

Für 4 bis 6 Personen als Vorspeise

FÜR DIE NERVETTI

2,5 kg Knie und Hessen vom Kalb, mit Sehnen, unter kaltem Wasser abgewaschen

2 Lorbeerblätter

90 ml Weißweinessig

10 ganze schwarze Pfefferkörner

3 EL Meersalz

8 frische Stängel glatte Petersilie

FÜR DEN SALAT

440 g frische Borlotti-Bohnen, gegart

Blätter von 8 frischen Stängeln glatter Petersilie, gehackt

1 Karotte, längs halbiert und in dünne Scheiben geschnitten

1 Selleriestange, in dünne Scheiben geschnitten

Meersalz und frisch gemahlener schwarzer Pfeffer

Zitronensaft zum Abschmecken

60 ml *Salsa verde* (Seite 139)

Für die *nervetti* die Kalbsknie und -hessen in einen großen Topf legen und mit Wasser bedecken. Auf niedriger Stufe zum Kochen bringen, dann Lorbeerblätter, Essig, Pfefferkörner, Salz und Petersilie zugeben und 2–3 Stunden köcheln lassen, bis Knorpel und Sehnen weich sind und sich von den Knochen lösen lassen. Aus dem Kochsud nehmen und 20–30 Minuten abkühlen lassen. Die *nervetti* von den Knochen lösen und in 2,5 cm große Stücke schneiden. Knochen und Kochsud entsorgen.

Für den Salat in einer großen Schüssel *nervetti,* Bohnen, Petersilienblätter, Karotte, Sellerie, Salz, Pfeffer und Zitronensaft nach Geschmack vermengen. Mit der *salsa verde* mischen, abschmecken und sofort servieren.

Anstelle frischer Borlotti-Bohnen können Sie auch Konservenware verwenden.

---

trippa alla romana

KUTTELN MIT TOMATENSAUCE, MINZE UND PECORINO

IN KOCHBÜCHERN aus der Renaissance finden sich verschiedene Zubereitungsmethoden für Kutteln, den Mägen von Kühen. Heute ist in Rom nur noch ein Rezept üblich. Der Netzmagen, *cuffia* genannt, wird mit Tomaten und *menta romana*, einer hiesigen Minzeart, langsam gegart. *Trippa alla romana* hat einen so festen Platz in der Regionalküche, dass im Gegensatz zu anderen Klassikern die Zutaten fast nie variiert werden. Blättermagen oder *centopelli* wird in Rom selten verwendet. Die Köche betrachten ihn als Katzenfutter. Vielleicht ist dies ein Seitenhieb auf Florenz, wo gerade dieser bevorzugt wird.

Für 4 bis 6 Personen

1 kg Kutteln (Netzmagen), gewaschen

60 g Meersalz, bei Bedarf auch mehr

3 EL natives Olivenöl extra

1 mittelgroße Zwiebel, grob gehackt

1 Karotte, gehackt

250 ml Weißwein

440 g gewürfelte Tomaten aus der Dose

Blätter von 4 frischen Zweigen Minze, gehackt

185 g Pecorino Romano, frisch gerieben

Die Kutteln in einen großen Topf geben und mit kaltem Wasser bedecken. Auf hoher Stufe zum Kochen bringen, abgießen, wiederholen und wieder abgießen. Die Kutteln erneut in den Topf geben und wieder mit kaltem Wasser bedecken. Auf mittlerer Stufe zum Kochen bringen. Das Salz zufügen und 3 Stunden köcheln lassen, bis die Kutteln gar sind (Gabelprobe). Abgießen, unter kaltem Wasser abspülen und in 1 cm breite Streifen schneiden.

Das Olivenöl in einem großen Topf auf mittlerer bis niedriger Stufe erhitzen. Wenn das Öl zu schimmern beginnt, Zwiebel und Karotte mit 1 Prise Salz zugeben und unter gelegentlichem Rühren 15 Minuten dünsten, bis sie weich sind. Den Wein zugießen und 1 Minute kochen, bis der Alkohol verdampft ist. Tomaten und Kutteln zugeben und etwa 1 Stunde köcheln lassen. Den Herd ausschalten, Minze und 125 g Pecorino unterrühren und abschmecken.

Auf Teller verteilen, mit dem restlichen Pecorino bestreuen und sofort servieren.

Menta romana *(Mentha pulegium)* ist eine leicht süßliche Minzeart, die hervorragend zum Geschmack von *trippa alla romana* passt. Auch *mentuccia (Calamintha nepeta)* wird gern verwendet, beispielsweise um sie vor dem Garen zwischen die Blätter von Artischocken zu schieben. Auf dem Markt bekommt man, wenn man Artischocken kauft, oft ein Bund dieses Krauts als Gratisbeigabe. *Menta romana* ist in Deutschland als Poleiminze bekannt, *mentuccia* als Kleinblütige Bergminze.

simmenthal di coda

OCHSENSCHWANZ-TERRINE

ITALIEN gilt zwar als Land, in dem kleine Erzeuger unterstützt und Bio-Produkte geschätzt werden, aber auch industriell produzierte Lebensmittel haben einen festen Platz. In jedem Lebensmittelgeschäft oder Supermarkt kommt heute der Großteil des Angebots aus großen Betrieben und nicht von kleinen Erzeugern. Eines der ältesten italienischen Industrieprodukte ist Simmenthal, gegartes Rindfleisch in Konserven, das trotz des merkwürdig schmatzenden Geräuschs beim Herausnehmen aus der Dose erstaunlich gut schmeckt. Bei »Mazzo« im Viertel Centocelle im Osten Roms bereiten die Küchenchefs Francesca Barreca und Marco Baccanelli ihre eigene Version von Simmenthal zu. Dafür verwenden sie Ochsenschwanz, der in Rom sehr beliebt ist. Am besten bestreut man ihn 24 Stunden vor der Zubereitung mit grobkörnigem Salz und lässt ihn über Nacht im eigenen Saft marinieren. Auch das fertige Gericht sollte vor dem Servieren ruhen. Sie brauchen für dieses Rezept Platz im Kühlschrank und etwas Zeit, aber die Mühe lohnt sich.

Ergibt eine 500-g-Terrine

FÜR DEN OCHSENSCHWANZ

3 EL natives Olivenöl extra

2,5 kg Ochsenschwanz, 24 Stunden vorher gesalzen

3 Karotten, grob gehackt

2 Selleriestangen, grob gehackt

2 kleine Zwiebeln, grob gehackt

4 frische Zweige Thymian

2 Lorbeerblätter

10 ganze schwarze Pfefferkörner

750 ml trockener Rotwein

1,5 l Rinder- oder Kalbsbrühe

Den Ochsenschwanz zubereiten: Das Olivenöl in einem großen Topf auf mittlerer bis hoher Stufe erhitzen. Wenn das Öl zu schimmern beginnt, die Ochsenschwanzstücke 10 Minuten von allen Seiten braun anbraten. Aus dem Topf nehmen und beiseitestellen. Karotten, Sellerie, Zwiebeln, Thymian, Lorbeerblätter und Pfefferkörner in den Topf geben und 15 Minuten garen, bis das Gemüse leicht gebräunt ist. Den Wein zugießen und 5 Minuten kochen, bis der Alkohol verdampft ist. Dabei den Bodensatz lösen. Die Ochsenschwanzstücke wieder in den Topf geben.

Die Brühe zufügen und alles bei niedriger Hitze 3 Stunden köcheln lassen, bis sich das Fleisch von den Knochen löst. Zwischendurch das Fett abschöpfen. Den Topf vom Herd nehmen, 1 Stunde abkühlen lassen, dann über Nacht in den Kühlschrank stellen.

Am nächsten Tag das erstarrte Fett von der Oberfläche abnehmen und entsorgen oder anderweitig verwenden. Den Topf auf dem Herd auf mittlerer bis niedriger Stufe erhitzen, bis die gelierte Brühe wieder flüssig wird. Durch ein großes Sieb in eine Schüssel abgießen. Das Fleisch aus dem Sieb nehmen und beiseitelegen. Gemüse, Kräuter und Knochen entsorgen.

FÜR DIE FÜLLUNG

Meersalz

1 Karotte, längs geviertelt

1 Selleriestange, längs geviertelt

1 Bund frische glatte Petersilie, gehackt

FÜR DEN SALAT (NACH BELIEBEN)

2 Fenchelknollen, in dünne Scheiben geschnitten, Fenchelgrün aufbewahrt

Blätter von 3 Selleriestangen, in 5 mm breite Streifen geschnitten

1 EL Schnittlauchröllchen

2 oder 3 Zitronen, in Spalten geschnitten

ZUM GARNIEREN

frisch gemahlener schwarzer Pfeffer

1 Bund frische glatte Petersilie, Blätter abgezupft und gehackt

1 TL abgeriebene Bio-Zitronenschale

Die Füllung zubereiten: In einem mittelgroßen Topf Wasser mit etwas Salz zum Kochen bringen. Wenn sich das Salz aufgelöst hat, Karotte und Sellerie darin 10 Minuten garen.

Eine Terrinen- oder Kastenform (500 g bzw. 23 cm x 13 cm) mit einem langen Stück Frischhaltefolie auslegen. Die Folie muss später über der Terrine zusammengefaltet werden. Die Form zur Hälfte mit dem Fleisch füllen. Karotten, Sellerie und Petersilie gleichmäßig darauf verteilen und mit dem restlichen Fleisch bedecken. Mit der aufgefangenen Brühe übergießen. Sie geliert und hält Fleisch und Gemüse zusammen. Die Folie über die Masse falten und beschweren, z. B. mit einer Form gleicher Größe, die mit Wasser gefüllt ist. Vor dem Servieren 1–3 Tage in den Kühlschrank stellen. Wenn die Terrine gut verpackt ist, hält sie sich im Kühlschrank etwa 1 Woche.

Zum Servieren die Folie öffnen und die Terrine vorsichtig auf eine Platte stürzen. Pro Person 2 Scheiben auf einem Bett aus Fenchelscheiben, Fenchelgrün, Sellerieblättern und Schnittlauch anrichten. Mit Zitronenspalten garnieren. Außerhalb der Salatsaison mit frisch gemahlenem schwarzem Pfeffer, gehackter Petersilie und abgeriebener Zitronenschale garnieren.

Sie können hierfür übrig gebliebene Brühe von *Polpette di Bollito* (Seite 52) oder *Picchiapò* (Seite 84) verwenden.

coda alla vaccinara

GESCHMORTER OCHSENSCHWANZ

TRAGEN SIE nie ein weißes Shirt, wenn Sie *coda alla vaccinara* essen: Sie werden garantiert kleckern. Stücke vom Ochsenschwanz werden stundenlang in einer Tomatensauce geschmort, bis das Fleisch buchstäblich von den Knochen fällt. Die rote Sauce wird mit Sellerie, Pinienkernen, Rosinen und Kakao gewürzt. Da man diesen Klassiker mit den Fingern isst, lassen sich Kleckse und Spritzer nicht vermeiden. Der Ochsenschwanz wird 24 Stunden vor der Zubereitung mit grobkörnigem Salz eingerieben. Das fertige Gericht sollte am besten über Nacht im Kühlschrank ruhen, damit sich die Aromen optimal entfalten können.

Für 4 bis 6 Personen

75 g *lardo* (fetter Speck) oder 3 EL Olivenöl

1,75 kg Ochsenschwanz, an den Wirbeln in etwa 7–8 cm lange Stücke zerteilt, 24 Stunden vorher gesalzen

1 Zwiebel, gehackt

1 Knoblauchzehe, zerdrückt

5–6 ganze Gewürznelken

2 EL Tomatenmark

250 ml Rotwein

875 g ganze geschälte Tomaten aus der Dose

bis zu 1,5 l Rinderbrühe (siehe Tipp Seite 145)

2 Selleriestangen, in 7,5 cm lange Stücke geschnitten

45 g Rosinen

40 g Pinienkerne

1 EL ungesüßtes Kakaopulver

Den Speck in einem großen Topf auf mittlerer bis hoher Stufe auslassen, alternativ das Olivenöl erhitzen, bis es schimmert. Die Ochsenschwanzstücke darin rundherum braun anbraten, aus dem Topf nehmen und beiseitestellen. Auf mittlere bis niedrige Hitze umschalten. Zwiebel, Knoblauch und Gewürznelken im Topf 10 Minuten dünsten, bis der Knoblauch goldbraun und die Zwiebel glasig ist. Das Tomatenmark zufügen und 5 Minuten erhitzen, bis es dunkelrot ist. Den Wein zugießen, den Bodensatz durch Rühren lösen und 1 Minute kochen, bis der Alkohol verdampft ist. Dann die Tomaten unterrühren.

Das Fleisch wieder in den Topf legen und so viel Rinderbrühe zugießen, dass es zu drei Vierteln eingetaucht ist. 5–6 Stunden köcheln lassen, bis das Fleisch von den Knochen fällt. Bei Bedarf mehr Brühe zugießen.

Gegen Ende der Garzeit Sellerie, Rosinen, Pinienkerne und Kakao unterrühren und weitere 20–30 Minuten köcheln lassen.

Den Herd ausschalten und den Ochsenschwanz mindestens 30 Minuten ruhen lassen und anschließend am besten über Nacht in den Kühlschrank stellen. Als eigenständiges Gericht servieren. Die restliche Sauce kann zu *Gnocchi di Patate* (Seite 95) serviert werden.

GEMÜSE

Obwohl es so scheint, dass die Römer Fleischfans sind, spielen Obst und Gemüse der Saison in der örtlichen Küche eine wichtige Rolle. Die *contorni* (Gemüsebeilagen) stehen zwar meist am Ende der Speisekarten, sind aber keine Nebensache. Gegarte Gemüsebeilagen und in zunehmendem Maße auch Salate bilden einen wichtigen Teil einer römischen Mahlzeit – und eine gute Gelegenheit, die vielen frischen Produkte der Region in Szene zu setzen.

sformatino di broccolo romanesco

ROMANESCO-PASTETE

DAS WORT *sformatino* leitet sich von *sformare* – aus der Form stürzen – ab. Und genau das geschieht mit den souffléartigen Gemüsepasteten. *Sformatini* sind in den angesagten Trattorias sehr beliebt. Diese zwanglosen Restaurants versuchen, die Traditionen ein bisschen abzuwandeln, ohne die Einheimischen zu verschrecken. Für dieses Rezept haben wir *broccolo romanesco* verwendet, der im Spätherbst auf den Märkten angeboten wird.

***Ergibt 8* sformatini**

geschmacksneutrales Öl (Seite 27) zum Einfetten

3 EL natives Olivenöl extra

1 große Zwiebel, in Ringe geschnitten

500 g Romanesco, gedämpft und gehackt

60 ml Weißwein

4 große Eier

375 g Sahne

30 g Pecorino Romano, frisch gerieben

Die Ramequin-Förmchen sollten in dem Bräter fest stehen. Tun Sie es nicht, legen Sie ein gefaltetes Geschirrtuch unter. Das Wasser verhindert, dass es versengt.

Den Backofen auf 160 °C vorheizen.

8 Ramequin-Förmchen (185 ml Volumen) einölen und in einen Bräter stellen.

Einen Teekessel voll Wasser auf hoher Stufe erhitzen, bis das Wasser kocht.

Inzwischen das Olivenöl in einer mittelgroßen Pfanne auf mittlerer bis niedriger Stufe erhitzen. Wenn das Öl zu schimmern beginnt, die Zwiebel darin 8 Minuten weich dünsten. Romanesco und Wein zufügen und den Romanesco mit einem Kochlöffel zerkleinern. 1 Minute köcheln lassen, bis der Alkohol verdampft ist, dann weitere 5 Minuten köcheln lassen.

Die Romanesco-Zwiebel-Mischung in einem Mixer pürieren und durch ein Sieb streichen. Die festen Rückstände wegwerfen.

In einer großen Schüssel die Eier verquirlen, dann die Sahne unterrühren. Das Romanesco-Püree zugeben und den Pecorino unterheben. Die Mischung bis 5 mm unter dem Rand in die vorbereiteten Förmchen füllen.

Den Bräter auf ein Backofenrost stellen und bis zur halben Höhe der Ramequin-Förmchen kochendes Wasser hineingießen. Im vorgeheizten Backofen 40–45 Minuten garen, bis die Masse noch etwas weich ist, aber nicht mehr an einem in der Mitte eingestochenen Messer haftet.

Den Bräter vorsichtig aus dem Ofen nehmen. Die Förmchen 10 Minuten im Wasser stehen lassen, dann zum Abkühlen herausnehmen.

Zum Servieren vorsichtig auf kleine Teller stürzen.

WILDWUCHS

KÖSTLICHE ZUTATEN gibt es überall in und um Rom umsonst. Selbst mitten in der Großstadt haben sich an den unglaublichsten Stellen Wildpflanzen angesiedelt. Im Frühling wachsen *mentuccia, menta romana* (Seite 142) und andere Minzearten am Fuß sonniger Backsteinmauern, Rucola und Löwenzahn breiten sich im Circus Maximus und auf dem Forum Romanum aus. Um Ostern leuchten an den Straßenrändern blaue Borretschblüten, anderswo wuchern Brennnesseln. Wenig später blühen die Kapernsträucher. Die kletternden Sträucher halten sich an alten und neuen porösen Mauern fest, vor allem an den Verteidigungsmauern, die im 3. Jahrhundert entstanden. Im Frühling tragen sie hübsche Blüten mit blassrosa-weißlichen Blütenblättern. Im Sommer und Herbst quillt fleischiger Portulak aus Pflasterfugen hervor, und rund ums Jahr kann man an Spazierwegen, Villengrundstücken und in öffentlichen Parks Lorbeerblätter pflücken. Oft sind die Pflanzen von Unkraut überwuchert, werden ausgerissen oder zertreten, doch ihre unerschütterliche Präsenz erinnert an die herben und würzigen Aromen, die seit Jahrhunderten die römische Küche prägen.

Die Haselnusskerne auf ein mit Backpapier ausgelegtes Backblech geben und im Backofen bei 140 °C etwa 10 Minuten rösten.

insalata di misticanza

JUNGER BLATTSALAT MIT HASELNÜSSEN UND PECORINO

MISTICANZA heißen die ganz jungen Blätter von Blattgemüse und Wildkräutern, die je nach Mischung roh oder gegart serviert werden. Auf Marktständen werden sie, gemischt oder nach Sorten getrennt, in großen, lockeren Bündeln präsentiert. Da gibt es Rucola, Löwenzahnblätter, Senfblätter, Borretsch, Portulak, wilden Rettich, Kerbel, Fenchelgrün, Kresse, Endivien, Brennnesseln oder Klee. Jeder Erzeuger hat seine speziellen Sorten, Sie haben also die freie Auswahl und können Ihre *misticanza*-Mischung nach Geschmack zusammenstellen. Wer möchte, kann die Blätter auch selbst sammeln. Verwenden Sie nur ganz junge, frisch gepflückte Blätter und bestes Olivenöl. Mit Säure sollten Sie sparsam sein, um die milden Aromen der Blätter nicht zu übertönen.

Für 4 bis 6 Personen

500 g frisch gepflückte junge Blattgemüsemischung

40 g Haselnüsse, geröstet und gehackt

60 ml natives Olivenöl extra

3 EL frisch gepresster Zitronensaft

Meersalz und frisch gemahlener schwarzer Pfeffer

Schafsmilch-Hartkäse zum Hobeln (wir bevorzugen mittelalten Pecorino aus Latium oder der Toskana)

Gelbe und dunkle Blätter aussortieren. Die Blattgemüsemischung waschen, gut abtropfen lassen und trocken tupfen.

Die Blättermischung in eine große Schüssel geben, große Blätter dabei in mundgerechte Stücke zerzupfen. Haselnüsse, Olivenöl, Zitronensaft sowie Salz und Pfeffer nach Geschmack zugeben und alles vermengen. Mit einem Sparschäler Späne vom Pecorino schneiden und auf dem Salat verteilen. Sofort servieren.

Für eine vegetarische Variante lassen sie den *guanciale* einfach weg. Es gibt verschiedene Ansichten darüber, wie *vignarola* zubereitet werden sollte, und nicht alle Rezepte enthalten Speck.

vignarola

GEMÜSETOPF MIT ARTISCHOCKEN, ERBSEN, DICKEN BOHNEN UND SALAT

DER APRIL ist ein besonderer Monat, denn die Zeit, in der die Zutaten für die *vignarola* frisch auf den Markt kommen, ist kurz: Salat, dicke Bohnen, Artischocken, Erbsen und Frühlingszwiebeln. Eine traditionelle *vignarola* ist nicht leuchtend grün, sondern eher graugrün, weil die verschiedenen Gemüsesorten in Flüssigkeit gekocht und je nach Garzeit zu unterschiedlichen Zeitpunkten zugegeben werden. Wir stellen eine modernere, weniger rustikale, dafür aber grünere Variante vor. Die dicken Bohnen werden blanchiert und abgezogen. Das ist bei der traditionellen Zubereitung nicht üblich, aber so schmecken die Bohnen zarter und süßer. Durch die hohe Temperatur gart das Gemüse schnell, ohne dass Geschmack und Farbe verloren gehen. Alle Zutaten sollen gar sein, aber noch etwas Biss haben. Gewürzt wird sparsam nach der Zugabe jeder Gemüseart. *Vignarola* schmeckt besser, wenn sie über Nacht durchziehen kann. Im Kühlschrank hält sie sich 3 Tage.

Für 4 bis 6 Personen als Vorspeise oder Beilage

450 g dicke Bohnen, aus den Hülsen gelöst (mit Hülsen ca. 1 kg)

60 ml natives Olivenöl extra, bei Bedarf auch mehr

100 g *Guanciale* (Seite 82) oder Pancetta, gewürfelt

2 Knoblauchzehen, zerdrückt

4 zarte junge Artischocken, geputzt (siehe Seite 167) und geviertelt

Meersalz und frisch gemahlener schwarzer Pfeffer

6 frische Zweige Minze (Seite 142)

125 ml trockener Weißwein

Wasser oder Gemüsebrühe (Rezept siehe unten)

Eine mittelgroße Schüssel mit Eis und Wasser füllen. In einem mittelgroßen Topf Wasser auf hoher Stufe zum Kochen bringen. Die dicken Bohnen – eventuell portionsweise – im kochenden Wasser je 1 Minute blanchieren. Abgießen und sofort ins Eiswasser geben. Die Bohnenkerne vorsichtig mit den Fingern aus den bitteren Hauten drücken. Sehr junge Bohnenkerne müssen nicht gehäutet werden. Beiseitestellen.

Das Olivenöl in einer großen Pfanne auf niedriger Stufe erhitzen. Wenn das Öl zu schimmern beginnt, den *guanciale* darin braten, bis das Fett glasig wird, dann den Knoblauch zufügen und dünsten, bis er duftet. Die Artischocken mit 1 Prise Salz, etwas Pfeffer und der Hälfte der Minze in den Topf geben und gut umrühren.

Auf hohe Temperatur umschalten. Den Wein zugießen und 1 Minute kochen, bis der Alkohol verdampft ist. Dann Wasser oder Brühe eingießen, bis die Artischocken zur Hälfte eingetaucht sind. 10–12 Minuten köcheln lassen, bis die Artischocken weich werden. Erbsen, dicke Bohnen und Frühlingszwiebeln zugeben. Nochmals leicht salzen und pfeffern.

BITTE UMBLÄTTERN

400 g frische junge Erbsen, aus den Hülsen gelöst (mit Hülsen ca. 1 kg)

4 Frühlingszwiebeln, nur der weiße Teil, in dünne Ringe geschnitten

1 kleiner Kopf Romanasalat, quer in 1 cm breite Streifen geschnitten

1 ½ TL frisch gepresster Zitronensaft (nach Belieben)

Weitere 10 Minuten köcheln lassen, bis die Erbsen gar sind. Falls nötig, etwas Gemüsebrühe oder Wasser zugeben. Der Topfinhalt darf nicht trocken werden.

Den Salat unterrühren und 5 Minuten mitgaren. Wenn alle Zutaten gar sind, den Topf vom Herd nehmen. Mit dem Zitronensaft abschmecken und mit der restlichen Minze servieren. Warm, bei Raumtemperatur oder erst am nächsten Tag servieren.

brodo vegetale

GEMÜSEBRÜHE

Ergibt etwa 1 Liter

2 Handvoll leere Erbsenhülsen

4 Artischockenstiele

4 Frühlingszwiebeln (nur der grüne Teil)

Bewahren Sie beim Zubereiten der *Vignarola* (Seite 155) Erbsenhülsen, Artischockenstiele und das Grün der Frühlingszwiebeln auf. Alles in einen mittelgroßen Topf geben, mit kaltem Wasser bedecken und bei mittlerer Hitze zum Kochen bringen. Die Temperatur reduzieren, 10 Minuten köcheln lassen, dann durch ein Sieb in eine Schüssel abgießen. Salz und Pfeffer sind nicht nötig. Die Siebrückstände entsorgen.

pomodori con riso

GEBACKENE GEFÜLLTE TOMATEN MIT REIS

GEFÜLLTE TOMATEN, oft mit gewürfelten Kartoffeln im Ofen gebacken, gehören zu den beliebtesten Klassikern der römischen Sommerküche. Man isst sie beim Picknick im Caffarella-Park und findet sie auf den Speisekarten der Restaurants. Sie werden in den Familien gekocht und sogar als Fast Food angeboten. Grundsätzlich werden sie frühzeitig vorbereitet und bei Raumtemperatur serviert.

Ergibt 6 **pomodori con riso**

60 ml natives Olivenöl extra

6 reife, feste mittelgroße Tomaten

1 Knoblauchzehe, zerdrück

220 g Arborio- oder Carnaroli-Reis

6 große frische Basilikumblätter

60 g Pecorino Romano, frisch gerieben

Meersalz und frisch gemahlener schwarzer Pfeffer

1 große Kartoffel, geschält und in 2,5 cm große Stücke geschnitten

Den Backofen auf 180 °C vorheizen.

1 Esslöffel Olivenöl gleichmäßig auf dem Boden einer flachen mittelgroßen Auflaufform verteilen.

Von den Tomaten je einen Deckel abschneiden und beiseitelegen. Die Tomaten mit einem Löffel oder Küchenmesser über einer Schüssel aushöhlen, dabei die Trennwände zwischen den Segmenten nicht beschädigen. Das Tomateninnere auffangen und mit einem Stabmixer pürieren. Beiseitestellen.

In einem Topf Wasser bei hoher Hitze zum Kochen bringen. Inzwischen 2 Esslöffel Olivenöl in einem flachen mittelgroßen Topf auf niedriger Stufe erhitzen. Wenn das Öl zu schimmern beginnt, den Knoblauch darin 5 Minuten goldbraun braten. Pürierte Tomatenflüssigkeit und Reis zufügen und etwa 20 Minuten köcheln lassen, bis der Reis fast gar ist. Zwischendurch jeweils 60 ml kochendes Wasser zugeben, falls der Reis am Topfboden ansetzt. Den Topf vom Herd nehmen. Basilikum und Pecorino unter den Reis rühren und abschmecken.

Die Tomaten innen leicht salzen, dann zu drei Viertel mit der Reismischung füllen. Die Tomaten aufrecht in die Auflaufform setzen, die Tomatendeckel auflegen und die Kartoffelstücke ringsherum in der Form verteilen. Mit dem restlichen Olivenöl beträufeln und etwas Wasser angießen.

Etwa 45 Minuten im vorgeheizten Ofen backen, bis der Reis gar ist. Nach 30 Minuten eventuell Wasser nachgießen, damit nichts anbackt. Aus dem Ofen nehmen und 20 Minuten abkühlen lassen. Bei Raumtemperatur servieren.

DER MERCATO

IN ROM gibt es etwa 120 städtische Märkte, die *mercati rionali*. Manche sind in bizarren Bauwerken untergebracht, die man für moderne amerikanische Bürokomplexe halten könnte. Andere verstecken sich hinter Backstein- oder Sandsteinfassaden aus der Zeit des Faschismus. Ins Auge fallen vor allem die Märkte auf Plätzen mit Kopfsteinpflaster, Betongehwegen oder asphaltierten Straßen. An diese denkt man meist, wenn man sich einen römischen Markt vorstellt.

Abgesehen von ästhetischen Aspekten wird jeder *mercato rionale* auch durch seine Lage gekennzeichnet. Jedes Stadtviertel hat einen eigenen Charakter, der sich in den Märkten widerspiegelt. Auf der Piazza Vittorio, in deren Umkreis viele Einwanderer wohnen, gibt es neben einheimischen Produkten auch exotische Gewürze und Zutaten. »Trionfale« wird vor allem von sparsamen älteren Bürgern frequentiert. Hier stehen Metzger neben Schuhmachern und Ständen mit billiger Unterwäsche. In Testaccio (Seite 132) verkaufen etliche Stände – ungewöhnlich für einen Markt – Essen zum Mitnehmen, um Studenten vom benachbarten Ableger der Universität anzulocken.

Die *mercati rionali* sind nicht nur zum Einkaufen da. Hier können die älteren Kunden – die Hälfte ist über 60 Jahre alt – mit ihresgleichen und den Händlern, denen sie oft jahrelang treu bleiben, plaudern. Darüber hinaus schaffen die Märkte Arbeitsplätze, obwohl die Zahl der Markthändler in den letzten Jahrzehnten deutlich abgenommen hat.

Acht von zehn Marktkunden sind heute 46 Jahre alt oder älter. Um zu überleben, müssen sich die Märkte dem demografischen Wandel anpassen. Die städtischen Märkte und ihre Bürokratie verhindern manchmal, dass die Händler schnell auf Kundenwünsche reagieren können. Für Berufstätige sind die Markt-Öffnungszeiten ungünstig, darum gehen sie in die Supermärkte. Es ist nicht auszuschließen, dass die römische Marktkultur allmählich untergeht, obwohl wir es uns anders wünschen würden.

Damit die Marktkultur überleben kann, muss sie ein jüngeres Publikum ansprechen. Das ist in den letzten zehn Jahren mit dem Konzept der Bauernmärkte gelungen. Die Stände der *mercati rionali* werden meist von Händlern betrieben. Auf Bauernmärkten, die nur

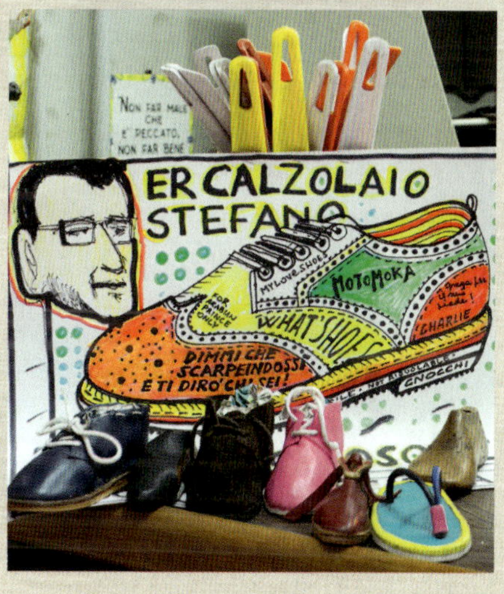

am Wochenende geöffnet sind, kauft man direkt beim Erzeuger. Allein das spricht für sie, denn die *mercati rionali* sind normalerweise nur montags bis samstags am Vormittag geöffnet. Auf den Bauernmärkten bekommt man Produkte aus der direkten Umgebung, während die Waren auf den *mercati rionali* aus Kampanien, Apulien, Sizilien oder Sardinien kommen. Findige Bauern haben das Schlagwort »km 0« geprägt, das inzwischen zum Synonym für Produkte aus der Region – mit Transportwegen von maximal 100 Kilometern – geworden ist.

Ob die Bauernmärkte und das »km 0«-Phänomen die Zeit überdauern, muss sich noch zeigen. Aber solange sich die *mercati rionali* ihrer Umgebung und den Wünschen ihrer Kunden anpassen, werden die Märkte von Piazza Vittorio, Trionfale und Testaccio ein Symbol der römischen Markttradition bleiben.

ARTIGIANALI
DALLE MARCHE
PROSCIUTTO DI PARMA
OFFERTA SPECK
PROSCIUTTO DI MODENA
VILLANI
Prelibatezze per il Palato
dal 1947
Porchetta di Ariccia
Buon Appetito

PASTO
OK.
CORI GIANFRANCO
ACETO CIRIO 1,40
ACETO BALSAMICO 2,70
OLIO EXTRA VERGINE "CONTADINI" 4,80
S.GIORGIO 4,50
PECORINO 5,20
ROSSO PICENO 4,40
RIO

verdure gratinate al forno

GEBACKENES GEMÜSE MIT SEMMELBRÖSELN

DIESES EINFACHE, vielseitige Rezept findet man auf Antipasti-Büfetts und Familientischen. Es kann als Vorspeise oder Beilage serviert werden. Sein Geheimnis liegt darin, dass das Gemüse sehr weich gekocht wird. Die Römer bestehen zwar darauf, dass die Pasta noch Biss haben muss, aber das Gemüse darf gern recht weich sein. Widerstehen Sie der Versuchung, das Backblech aus dem Ofen zu nehmen, wenn das Gemüse noch knackig ist. Lassen Sie es lieber etwas länger drin und beträufeln Sie es mit reichlich Olivenöl, bis es weich und gebräunt ist.

Für 4 bis 6 Personen als Vorspeise oder Beilage

2 rote Paprika, in 1 cm breite Streifen geschnitten

2 weiße Zwiebeln, in 1 cm dicke Ringe geschnitten

2 Zucchini, längs in 5 mm dünne Scheiben geschnitten

1 Aubergine, in 5 mm dünne Scheiben geschnitten

1 EL Meersalz

125 ml natives Olivenöl extra

250 g gewürzte Semmelbrösel (Rezept siehe unten)

Den Backofen auf 180 °C vorheizen.

Ein Backblech mit Backpapier auslegen. Das Gemüse mit dem Salz mischen und darauf verteilen. Mit der Hälfte des Olivenöls beträufeln und eine mindestens 5 mm dicke Schicht Semmelbrösel daraufstreuen. Alternativ eine Auflaufform (ohne Backpapier) verwenden.

Mit dem restlichen Olivenöl beträufeln, mit Alufolie abdecken und 30–40 Minuten im vorgeheizten Ofen backen, bis das Gemüse deutlich geschrumpft ist. Die Alufolie abnehmen und weitere 20–30 Minuten backen, bis das Gemüse weich ist.

Heiß servieren.

pane grattugiato

GEWÜRZTE SEMMELBRÖSEL

Ergibt ca. 250 g

8–10 Scheiben trockenes Weißbrot, in mundgerechte Stücke zerzupft

2 TL getrockneter Oregano oder frisch gehackte glatte Petersilie

2 EL Pecorino Romano, Parmigiano Reggiano oder Grana Padano, frisch gerieben

Den Backofen auf 120 °C vorheizen.

Die Brotstücke auf einem Backblech mit höherem Rand verteilen und im vorgeheizten Ofen 15–20 Minuten backen, bis sie ganz trocken sind. Aus dem Ofen nehmen und abkühlen lassen. In einem Mixer zu grobem Pulver zerkleinern.

In einer mittelgroßen Schüssel Semmelbrösel, Oregano und Käse mischen.

Die Mischung hält sich in einem luftdicht schließenden Behälter 1–2 Tage.

insalata di carciofi crudi

SALAT AUS ROHEN ARTISCHOCKEN

NORMALERWEISE werden in Rom die zarten Innenblätter, die Herzen und Stiele von Artischocken gekocht. In Weinbars, die oft keine richtige Küche haben, wird gelegentlich auch ein knackiger Salat aus rohen Artischocken serviert. Dazu werden die Artischocken mit einem Gemüsehobel in hauchdünne Scheiben geschnitten. Ihr zartbitterer, nussiger Geschmack harmoniert gut mit frischem Zitronensaft und einem Hartkäse aus Kuhmilch.

Für 4 bis 6 Personen

3 EL frisch gepresster Zitronensaft, nach Geschmack auch mehr

4 zarte junge Artischocken, geputzt (siehe unten)

60 ml natives Olivenöl extra

Meersalz und frisch gemahlener schwarzer Pfeffer

1 EL frische Minzeblätter

Parmigiano Reggiano oder Grana Padano zum Hobeln

Den Zitronensaft in eine mittelgroße Schüssel gießen und beiseitestellen.

Die Artischocken einzeln aus dem Zitronenwasser nehmen und halbieren. Mit einem Teelöffel oder Melonenausstecher das faserige Innere herausschaben. Harte Blattspitzen abschneiden.

Die Artischocken so dünn wie möglich hobeln, zum Zitronensaft geben und gut verrühren. Auch die Stiele dünn hobeln und zum Zitronensaft geben. Olivenöl, Salz und Pfeffer nach Geschmack zufügen und nochmals vermengen.

Mit den Minzeblättern garnieren. Mit einem Sparschäler Späne vom Käse hobeln und auf den Salat geben. Sofort servieren.

Die einheimische Artischocke, *carciofo romanesco*, ist von Dezember bis Mai überall auf den Märkten zu bekommen und wird als Vorspeise oder Beilage serviert. Ersatzweise können auch andere junge Artischocken verwendet werden, möglichst frische Saisonware. Eventuell müssen Sie die Dosierung der Gewürze etwas anpassen. In Rom kann man Artischocken küchenfertig kaufen, andernorts muss man diese Arbeit meist selbst erledigen.

Zuerst eine große Schüssel mit kaltem Wasser füllen, den Saft von 1 Bio-Zitrone und die ausgepressten Zitronenschalen hineingeben. Die harten äußeren Blätter der Artischocken einzeln direkt über dem Boden abbrechen, bis Sie die zarteren, helleren Innenblätter erreichen. Den Stiel so abschneiden, dass noch etwa 2,5 cm an der Artischocke bleiben. Mit einem Küchenmesser die harte Schale von den Stielen abschneiden. Das zarte Stielinnere ins Zitronenwasser legen.

Die harte, dunkelgrüne Schale von Boden und Stielansatz jeder Artischocke abschälen. Die oberen, harten Blattspitzen abschneiden. Die Artischocken bis zur Zubereitung im Zitronenwasser liegen lassen, damit sie nicht braun werden.

---

verdura ripassata in padella

DOPPELT GEGARTES GEMÜSE

DIESES GERICHT kann mit jeder Art von Blattgemüse zubereitet werden: Löwenzahnblättern, Mangold, Rote-Bete-Blättern, Pak Choi, krauser und glatter Endivie oder Stielmus – einzeln oder gemischt. Ob Sie Wild- oder Kulturgemüse verwenden, hat keinen Einfluss auf die Zubereitung. In Rom wird Blattgemüse oft doppelt gegart. Im ersten Arbeitsgang werden die harten Stängel weich gegart, die Bitterstoffe neutralisiert, und die Blätter lassen sich leichter bearbeiten. Danach wird es mit Olivenöl, Knoblauch und *peperoncino* weiterverarbeitet. *Verdura ripassata in padella* ist ein beliebtes *contorno*, also eine Gemüsebeilage zu Hauptgerichten.

Für 4 bis 6 Personen als Beilage

Meersalz

1 kg Blattgemüse nach Wahl

125 ml natives Olivenöl extra

2 Knoblauchzehen, zerdrückt

½ TL *peperoncino*-Flocken oder rote Chiliflocken

Das Gemüse kühlt viel schneller ab, wenn man es auf einem Backblech ausbreitet.

In einem großen Topf Wasser mit etwas Salz auf hoher Stufe zum Kochen bringen. Wenn sich das Salz aufgelöst hat, das Gemüse zugeben und 5–10 Minuten köcheln lassen, bis es sehr weich ist. Die genaue Garzeit hängt von der Gemüsesorte und der Dicke der Stiele ab. Abgießen, beiseitestellen und 20 Minuten abkühlen lassen, dann gründlich ausdrücken.

Das Olivenöl in einer großen Pfanne auf mittlerer Stufe erhitzen. Wenn das Öl zu schimmern beginnt, den Knoblauch darin 5 Minuten goldgelb braten. Die *peperoncino*-Flocken zufügen und 30 Sekunden erwärmen, bis sie duften. Das gekochte Gemüse zufügen, umrühren und salzen. Unter gelegentlichem Rühren 8–10 Minuten garen, bis das Gemüse dunkel ist und das Aroma von Knoblauch und *peperoncino* angenommen hat.

Warm oder bei Raumtemperatur servieren.

insalata di rughetta e pinoli

RUCOLASALAT MIT PINIENKERNEN

DIE IDEE für diesen einfachen Beilagensalat entstand bei einem Spaziergang auf dem Palatin, wo Romulus am 21. April 753 v. Chr. die Stadt Rom gegründet hat. Zwar gibt es keine Beweise für dieses Datum oder die Existenz von Romulus, aber zur Zeit der römischen Kaiser entstanden um den angeblichen Standort der Hütte des Gründungsvaters stattliche Villen. Besucher, die heute den Palatin besteigen, treten auf pfeffrigen Rucola, der wild in den Ruinen wächst, und suchen Schatten unter hohen Kiefern, an die sich Oliven- und Zitrusplantagen anschließen.

Für 4 bis 6 Personen

500 g Rucola

40 g Pinienkerne, geröstet

3 EL natives Olivenöl extra

1 ½ EL frisch gepresster Zitronensaft

Meersalz und frisch gemahlener schwarzer Pfeffer

In einer großen Schüssel Rucola, Pinienkerne, Olivenöl, Zitronensaft sowie Salz und Pfeffer nach Geschmack mischen – am besten mit den Händen. Sofort servieren.

Pinienkerne sind teuer, darum sollte man beim Rösten aufpassen, denn sie verbrennen schnell. In eine kalte Pfanne geben, auf mittlerer Stufe erwärmen und dabei ständig rühren. Nach 3–4 Minuten sollten die Pinienkerne goldgelb geröstet sein und glänzen, weil durch die Hitze Fett austritt. Sogleich aus der Pfanne nehmen und zum Abkühlen beiseitestellen.

insalata di finocchio, radicchio, e pera

FENCHELSALAT MIT RADICCHIO UND BIRNE

AUF DEN MÄRKTEN der Stadt bekommt man Produkte aus der Region, aber auch aus anderen Gegenden. Im Winter gibt es herben Radicchio aus Venezien in Norditalien, der in Geschmack und Aussehen hervorragend zum einheimischen Knollenfenchel passt. Dieser Salat bringt römischen Fenchel mit beliebten Produkten aus Norditalien zusammen. Die Birnen geben der Mischung eine angenehme Süße.

Für 4 bis 6 Personen

75 ml natives Olivenöl extra

1 EL frisch gepresster Zitronensaft

2 EL Balsamico-Essig

1 mittelgroßer Kopf Radicchio, längs geviertelt, Strunk entfernt, quer in 1 cm breite Streifen geschnitten

1 kleine Fenchelknolle mit Grün

1 kleine, feste Birne (z. B. Comice oder Bartlett), entkernt und in hauchdünne Scheiben geschnitten

Meersalz und frisch gemahlener schwarzer Pfeffer

Blätter von 3 frischen Stängeln glatte Petersilie

50 g Schafsmilch-Hartkäse (z. B. mittelalter Pecorino aus dem Latium oder der Toskana)

In einer großen Schüssel Olivenöl, Zitronensaft und Essig zu einem Dressing verrühren.

Den Radicchio in die Schüssel mit dem Dressing geben.

Vom Fenchel das Grün abschneiden und aufbewahren. Die Knolle halbieren, harte äußere Blätter entfernen. Die Hälften in kaltes Wasser legen, um Schmutz zwischen den Schichten zu lösen. Trocken tupfen und den Strunk herausschneiden, dann die Hälften dünn hobeln. In die Schüssel zum Radicchio geben. Die Birne zufügen und unterheben. Mit Salz und Pfeffer abschmecken.

Den Salat auf einer Platte anrichten. Mit Petersilienblättern und Fenchelgrün garnieren. Mit einem Sparschäler Späne vom Käse schneiden und auf dem Salat verteilen. Sofort servieren.

BROT UND PIZZA

Bäckereien und Pizzerien gibt es in Rom an jeder Ecke. Kohlenhydratreiche Speisen sind sehr beliebt, aber in den Haushalten wird weniger gebacken, als man meinen möchte. Die Küchen sind oft klein, darum überlässt man das Backen lieber den Fachleuten. Dabei muss man gar kein Fachmann sein, um unsere Rezepte nachzubacken. Sie brauchen allerdings eine gute Digitalwaage und Geduld, denn viele Teige schmecken umso besser, je mehr Zeit sie zum Gehen haben.

pizza bianca e pizza rossa

PIZZA ROT-WEISS

PIZZA BIANCA (weiße Pizza) und *pizza rossa* (rote Pizza) sind in Rom geradezu Grundnahrungsmittel. Beide kann man, in Papier gewickelt, bequem aus der Bäckerei mitnehmen und unterwegs essen. Man genießt sie morgens anstelle eines *cornetto* zum Frühstück oder isst sie am Abend zu einem Bier oder Cocktail. Wir holen uns gern am späten Vormittag ein Stück bei »Forno« am Campo de' Fiori und verspeisen es in der Nähe auf der Piazza Farnese mit dem malerischen Kopfsteinpflaster. Die unglaublich vielseitigen Pizzas werden aus demselben Teig zubereitet, nur die Beläge unterscheiden sich. Für *pizza bianca* genügen natives Olivenöl und Meersalz, *pizza rossa* wird vor dem Backen mit einer leichten Tomatensauce bestrichen. Sie werden auch unterschiedlich gegessen. *Pizza bianca* kann man aufklappen und wie ein Sandwich mit Mortadella (oder *pizza cà mortazza* im hiesigen Dialekt, der beliebteste Snack schlechthin), Prosciutto und Mozzarella oder Prosciutto mit reifen Feigen belegt werden. *Pizza rossa* isst man normalerweise pur.

Ergibt 2 Pizzas von 45 cm x 33 cm

FÜR DEN TEIG

830 g kaltes Wasser

2 g (½ TL) Trockenhefe

1 kg Weizenmehl (tipo 00)

23 g (1 EL plus 1 TL) Meersalz

geschmacksneutrales Öl (Seite 27) zum Einfetten

125 g Hartweizenmehl oder Grieß zum Bestreuen

Den Teig zubereiten: 650 g Wasser in eine kleine Schüssel geben. Die Hefe daraufstreuen und beiseitestellen, bis sich die Hefe aufgelöst hat.

Das Mehl in eine große Schüssel geben und die Hefemischung zufügen. Mit den Händen oder mit einem Löffel mischen, bis kein trockenes Mehl mehr zu sehen ist. Der Teig sieht etwas klumpig aus. Die Schüssel mit Frischhaltefolie abdecken und den Teig bei Zimmertemperatur 30 Minuten gehen lassen.

Dann Salz und restliches Wasser einarbeiten. Die Schüssel wieder mit Frischhaltefolie abdecken und den Teig nochmals 30 Minuten gehen lassen.

Die Folie abnehmen. Mit einer feuchten Hand ein Stück des Teigs am Rand erfassen, nach oben und außen ziehen, dann über die Mitte des Teigklumpens legen. Die Schüssel um 45 Grad drehen und wiederholen. Das Ziehen und Falten so oft wiederholen, bis die Schüssel einmal komplett gedreht wurde.

BITTE UMBLÄTTERN

FÜR DIE PIZZA BIANCA

nativesOlivenöl extra zum Beträufeln

Meersalz

FÜR DIE PIZZA ROSSA

***Salsa di Pomodoro* (Rezept siehe gegenüber)**

natives Olivenöl extra zum Beträufeln

Die Schüssel wieder mit Frischhaltefolie abdecken und den Vorgang noch dreimal im Abstand von je 1 Stunde wiederholen. Zwischendurch den Teig abgedeckt ruhen lassen.

Den Teig ein letztes Mal ziehen und falten, dann in eine große, dünn eingefettete Schüssel legen, mit Frischhaltefolie abdecken noch einmal 30 Minuten ruhen lassen.

Inzwischen eine trockene, saubere Arbeitsfläche dick mit dem Hartweizenmehl bestreuen. Zwei Backbleche einfetten und beiseitestellen. Den Backofen auf 250 °C vorheizen. Falls verwendet, einen Pizzastein zum Vorheizen hineinlegen.

Den Teig vorsichtig auf die bestreute Arbeitsfläche stürzen, eventuell mit den Fingern aus der Schüssel lösen. Auch die Oberseite des Teigs mit Hartweizenmehl bestreuen. Vorsichtig die Hände unter den Teig schieben, die Fingerspitzen zeigen zur Mitte. Den Teig dabei nicht zusammendrücken, sondern vorsichtig zu einem Rechteck auseinanderziehen. Danach ebenso in der anderen Richtung auseinanderziehen, bis ein Quadrat von 40 cm x 40 cm entstanden ist.

Den Teig halbieren, überschüssiges Mehl abstreifen. Die beiden Rechtecke zügig auf die vorbereiteten Backbleche legen und mit den Fingerspitzen auf passende Größe dehnen. Zieht sich der Teig zusammen, kurz ruhen lassen und nochmals dehnen. Die Bleche 5 Minuten beiseitestellen.

Für die *pizza bianca* den Teig mit Olivenöl beträufeln und mit etwas Salz bestreuen. Mit den Fingern auf der ganzen Fläche Vertiefungen in den Teig drücken, um Lufteinschlüsse gleichmäßig zu verteilen. Für die *pizza rossa* den Teig gleichmäßig dünn mit *salsa di pomodoro* bestreichen, dabei einen Rand frei lassen.

Beide Pizzas im vorgeheizten Ofen 10–12 Minuten backen, bis die Ränder goldbraun sind und einige dunklere Flecken haben. Auf einem Küchengitter einige Minuten abkühlen lassen.

Die *pizza bianca* in Stücke schneiden und nach Belieben aufklappen und mit Mortadella oder anderem Aufschnitt belegen. Die *pizza rossa* nach dem Backen mit etwas Olivenöl beträufeln, in Stücke schneiden und servieren.

salsa di pomodoro

EINFACHE TOMATENSAUCE ALS PIZZABELAG

***Die Menge genügt für 2 dünn bestrichene* pizze rosse**

440 g geschälte ganze Tomaten aus der Dose

1 EL natives Olivenöl extra

2 TL Meersalz

In einer mittelgroßen Schüssel Tomaten, Olivenöl und Salz mischen.

Die Tomaten mit den Händen oder einer Gabel zerpflücken und zerdrücken. Die Sauce sollte etwas stückig sein.

PIZZERIA

PANE INDIANO
4,00
PANE FRANCESE
4,00

FARRO
4,40€
ENKIR
BURATTO

BROT, MEHL UND MÜHLEN

AUF DEN REGALEN der römischen Bäckereien findet man verschiedenste Brotsorten von flachen einfachen Sandwichbrötchen bis zu natürlich fermentierten Vollkornbroten aus alten Getreidesorten. Alltags gibt es einfaches Brot, an Feiertagen werden auch Sorten mit Walnüssen, Rosinen oder getrockneten Feigen angeboten. Das Alltagsbrot ist einfach und schnörkellos, aber köstlich, denn unter der knusprigen Kruste verbirgt sich eine elastisch-weiche Krume.

Zu den beliebtesten Sorten gehören *pane di Lariano,* ein Sauerteigbrot nach einem Rezept aus dem gleichnamigen Dorf in der Umgebung, sowie *pane casareccio,* ein rustikales Bauernbrot. Beide werden verwendet, um Saucen- oder Ölreste von Tellern aufzuwischen. Diese Gewohnheit trägt den seltsamen Namen *facendo la scarpetta,* wörtlich »einen kleinen Schuh machen«. *Tozzetti,* eckige Brötchen mit dicker, stabiler Kruste, werden sowohl zum Tunken als auch für Sandwiches verwendet. *Rosette, tartarughe* und *Ciabattine* (Seite 192) haben eine dünne, geschmeidige Kruste und werden nur für Sandwiches verwendet.

Um römisches Brot zu Hause zu backen, braucht man das richtige Mehl. »Molino laquone«, ein Familienbetrieb bei Viterbo, exportiert italienische Mehle und verkauft sie online. Die Mühle hat sich auf Weichweizenmehle für Brot, Pizza und Brötchen spezialisiert. Alternativ kann man deutsche Mehle (Type 405 und 550) verwenden. Wird für ein Rezept Mehl von einer alten Weizensorte benötigt, wenden sich die Spitzenbäcker Roms an das Familienunternehmen »Mulino Marino« im Piemont. Endverbraucher können deren Mehle bei Eataly auch online bestellen. Die Marinos arbeiten eng mit kleinen Betrieben zusammen, die alte Getreidesorten anbauen, und verarbeiten diese mit Mühlsteinen zu verschiedenen Mahlgraden. Auch im deutschsprachigen Raum gibt es kleine Mühlenbetriebe, deren Produkte sich mit denen von Marino messen können.

pizza romana

PIZZA NACH RÖMISCHER ART MIT DÜNNEM BODEN

NEAPOLITANISCHE Pizza mit dickem Rand ist in aller Welt beliebt. In Rom bevorzugt man Pizza, deren Boden und Rand flach und dünn sind. Die meisten Pizzerias verarbeiten einen schnellen Teig mit kurzer Gehzeit. Weil Hefe und Mehl nicht lange miteinander reagieren können, schmeckt römischer Pizzateig relativ fade. Da wir im Gegensatz zu Pizzerias glücklicherweise keinen schnellen Umsatz machen müssen, lassen wir unseren Teig lange bei niedriger Temperatur gehen, sodass er duftet, knusprig und etwas elastisch wird. Durch einen kleinen Anteil Hartweizenmehl und die Teigruhe im Kühlschrank bekommt der Pizzaboden einen feinen Geschmack. Verwenden Sie zum Kneten eine Küchenmaschine oder planen Sie 10–15 Minuten Handarbeit ein. Zuletzt muss der Boden sehr dünn ausgerollt und gedehnt werden. Belegen Sie ihn nach Belieben. Wir schlagen hier Beläge im römischen Stil vor, aber Sie können gern kreativ werden.

Ergibt 4 Pizzas von 30–38 cm Ø

280 g kaltes Wasser

½ g (1 Prise) Trockenhefe

450 g Weizenmehl (tipo 00)

50 g Hartweizenmehl plus etwas mehr zum Bestäuben

12 g (2 TL) Meersalz

12 g (2 TL) natives Olivenöl extra plus etwas mehr zum Einfetten

geschmacksneutrales Öl (Seite 27) zum Einpinseln

Das Wasser in eine kleine Schüssel füllen. Die Hefe daraufstreuen und einige Minuten beiseitestellen, bis sich die Hefe aufgelöst hat.

Den Knethaken in die Küchenmaschine einsetzen. Beide Mehle in der Rührschüssel mischen und die aufgelöste Hefe zufügen. Auf niedriger Stufe 3 Minuten kneten, bis sich ein Teigklumpen gebildet hat. Den Teig in der Rührschüssel 5 Minuten ruhen lassen. Das Salz zugeben und auf mittlerer Stufe 4 Minuten kneten, bis der Teig glatt und elastisch ist. Die Küchenmaschine auf mittlerer Stufe laufen lassen, das Olivenöl langsam zugießen und gründlich unterkneten.

Die Schüssel mit Frischhaltefolie abdecken und den Teig bei Zimmertemperatur 30 Minuten gehen lassen.

Den Teig auf eine leicht bemehlte Arbeitsfläche stürzen und mit einem Teigschaber oder Messer in 4 gleich große Stücke teilen.

Die Stücke einzeln bearbeiten. Alle 4 Kanten hochziehen und zur Mitte legen, aber nicht andrücken. Der Teig bekommt eine

BITTE UMBLÄTTERN

Auf einem Pizzastein bekommt Ihre Pizza eine schönere Kruste, geht besser auf und wird unvergleichlich locker. Ersatzweise können Sie ein umgedrehtes Backblech oder unglasierte Klinkerplatten verwenden. Der Stein (oder der Ersatz) sollte 45 Minuten vor dem Backen auf der zweiten Einschubleiste von oben im Backofen vorgeheizt werden. Die Garzeiten hängen vom Untergrund ab und sind auf einem Pizzastein kürzer.

runde, kompakte Form. Umdrehen, sodass die Nähte unten liegen. Die Handfläche so auf die Teigkugel legen, dass Daumen und kleiner Finger an den Seiten und die Fingerspitzen auf der Arbeitsfläche liegen. Die Teigkugel vorsichtig kreisförmig bewegen, dabei soll sie nicht reißen. Sie spüren, wie der Teig fester wird. Mit den restlichen Teigportionen ebenso verfahren.

Die Teigkugeln auf ein mit Olivenöl gefettetes Backblech legen, dünn mit geschmacksneutralem Öl einpinseln und das Blech mit Frischhaltefolie abdecken. 24 Stunden in den Kühlschrank stellen.

3 Stunden vor dem Backen den Teig aus dem Kühlschrank nehmen, damit er Temperatur annimmt. Die Folie noch nicht abnehmen. Beim Erwärmen geht der Teig auf. Den Backofengrill auf hoher Stufe einschalten und ein umgedrehtes Backblech oder einen Pizzastein auf der zweiten Einschubleiste von oben vorheizen.

Eine Teigkugel auf eine bemehlte Arbeitsfläche legen und mit etwas Mehl bestreuen. Die Fingerspitzen unter die Mitte der Kugel schieben und diese etwas nach oben drücken. So entsteht eine kleine Scheibe. Diese auf den Fingern drehen, bis sie etwa 15 cm groß und 6 mm dick ist. Die Teigscheibe umdrehen und auf eine leicht bemehlte Arbeitsfläche legen. Beide Hände mit den Handflächen nach unten nebeneinander auf den Teig legen und ihn vorsichtig auseinanderziehen. Den Teig um 90 Grad drehen und wiederholen, dafür die Hände neu aufsetzen. Wiederholen, bis die Teigscheibe etwa 30–38 cm groß und möglichst dünn ist – aber nicht einreißen. Alternativ können Sie den Teig auf diese Größe ausrollen.

Den Teig auf einen Pizzaschieber oder ein mit Backpapier belegtes, umgedrehtes Backblech legen. Den Belag auflegen (siehe Seite 184–185) und die Pizza in den vorgeheizten Ofen oder auf den Pizzastein schieben. 8–9 Minuten backen, bis der Rand knusprig ist und die Beläge gar sind. Nach Geschmack salzen. Mit den anderen Teigkugeln ebenso verfahren. Heiß aus dem Ofen servieren.

patate e gricia

KARTOFFEL-GRICIA

Belag für 1 Pizza

1 TL natives Olivenöl extra

45 g *Guanciale* (Seite 82), in hauchdünne Streifen geschnitten

1 Kartoffel, gekocht, gepellt und grob zerdrückt

30 g Pecorino Romano, frisch gerieben

75 g Mozzarella, zerzupft oder in 2,5 cm große Stücke geschnitten

frisch gemahlener schwarzer Pfeffer

Das Olivenöl in einem kleinen Topf auf mittlerer Stufe erhitzen. Wenn es zu schimmern beginnt, den *guanciale* hineingeben und unter häufigem Rühren hellbraun anbraten.

Guanciale, Kartoffel, Pecorino, Mozzarella und Pfeffer gleichmäßig auf dem Teig verteilen. Wie im Hauptrezept angegeben fortfahren.

prosciutto e fichi

PROSCIUTTO UND FEIGEN

Belag für 1 Pizza

natives Olivenol extra zum Bestreichen

3 sehr reife Feigen

45 g Ziegenkäse

3 Scheiben Prosciutto

Den mit Olivenöl bestrichenen Teig ohne Belag vorbacken. Mit den Händen die reifen Feigen zerdrücken und auf der Oberfläche verteilen. Den Ziegenkäse zerbröseln und daraufstreuen, dann mit dem Prosciutto belegen und sofort servieren.

fiori di zucca

KÜRBISBLÜTEN

Belag für 1 Pizza

75 g Mozzarella, zerzupft oder in 1 cm große Stücke geschnitten

4 Sommerkürbis- oder Zucchiniblüten, geputzt und geöffnet

Den Mozzarella gleichmäßig auf dem rohen Teig verteilen. Mit den Blüten belegen. Wie im Hauptrezept angegeben fortfahren.

capricciosa

PILZE, ARTISCHOCKEN, EI UND PROSCIUTTO

Belag für 1 Pizza

125 g Tomatensauce

75 g Mozzarella, zerzupft oder in 1 cm große Stücke geschnitten

2 kleine Champignons, in dünne Scheiben geschnitten

3 Oliven

1 eingelegtes Artischockenherz, abgetropft und geviertelt

1 großes Ei

1 Scheibe Prosciutto

Die Tomatensauce auf dem Pizzateig verteilen, dabei einen 1 cm breiten Rand frei lassen. Den Mozzarella gleichmäßig verteilen. Pilze, Oliven und Artischocken auf einer Hälfte verteilen. In den Ofen schieben, 6–7 Minuten backen und herausnehmen. Das Ei aufschlagen und auf ein freies Viertel geben. Nochmals 1 Minute backen, das Eigelb soll noch etwas flüssig sein. Wieder herausnehmen, den Prosciutto auf das letzte Viertel legen und sofort servieren.

pizzette

KLEINE BLÄTTERTEIG-PIZZAS

DIE kleinen, herzhaften Snacks schmecken großartig zu Bier oder Cocktails (Seite 227). In Bäckereien werden sie nach Gewicht verkauft, in manchen Bars bekommt man, wenn man einen Drink bestellt, einige *pizzette* umsonst serviert – ähnlich wie Erdnüsse in Amerika, nur besser.

Ergibt 32 pizzette

90 g Tomatenmark

3 EL natives Olivenöl extra

½ TL Meersalz

½ TL getrockneter Oregano (nach Belieben)

500 g Blätterteig, selbst gemacht (siehe unten) oder Fertigprodukt

Den Backofen auf 200 °C vorheizen. Ein Backblech mit Backpapier auslegen.

In einer kleinen Schüssel Tomatenmark, Olivenöl, Salz, Oregano, falls verwendet, und 2–3 Esslöffel Wasser zu einer dicken, aber streichfähigen Masse verrühren.

Den Blätterteig zu einem 1 cm dicken Rechteck von etwa 25 cm x 50 cm Größe ausrollen. Mit einer runden Ausstechform (6 cm Ø) 32 *pizzette* ausstechen. Auf das vorbereitete Backblech legen, dabei Abstände von etwa 1 cm lassen. Teigkreise, die nicht auf das Blech passen, vorübergehend in den Kühlschrank stellen. Die *pizzette* mit der Tomatensauce bestreichen, dabei einen schmalen Rand frei lassen.

Im vorgeheizten Ofen 12–15 Minuten backen, bis die *pizzette* goldbraun und aufgegangen sind. Auf eine Servierplatte legen und die restlichen *pizzette* backen.

Sofort servieren oder abkühlen lassen und bis zu 3 Tage in einem luftdicht schließenden Behälter aufbewahren

Blätterteig

Ergibt 1 kg Blätterteig

500 g Weizenmehl (Type 405) plus etwas mehr zum Bestäuben

5 g (1 TL) Meersalz

500 g kalte Butter, in 1 cm große Würfel geschnitten

240 ml Eiswasser

Mehl und Salz auf eine saubere, trockene Arbeitsfläche sieben und in die Mitte eine Vertiefung drücken. Die Butter in die Vertiefung geben und mit den Händen zügig mit dem Mehl vermengen, dabei die Butterwürfel flach drücken. Die Mischung soll bröselig sein und die Butter Ähnlichkeit mit mehligen Cornflakes haben.

Die Hälfte des Eiswassers auf die Mischung sprenkeln und alles zu einer Teigkugel verkneten. Falls der Teig nicht glatt ist, teelöffelweise mehr Wasser unterkneten. Eventuell wird nicht das ganze Eiswasser verbraucht.

Den Teig in Frischhaltefolie wickeln und 30 Minuten in den Kühlschrank stellen.

Den gekühlten Teig auf einer leicht bemehlten Arbeitsfläche nur in einer Richtung zu einem Rechteck von etwa 40 cm x 20 cm ausrollen.

Von einer Schmalseite aus das untere Drittel zur Mitte falten, dann das obere Drittel darüberfalten. Den Teig im Uhrzeigersinn um 90 Grad drehen. Den Teig wieder ausrollen und falten. In Frischhaltefolie wickeln und 30 Minuten in den Kühlschrank stellen.

Nochmals ausrollen, falten und kühlen. Danach können Sie den Teig weiterverarbeiten oder 3 Tage im Kühlschrank oder 4 Wochen im Gefrierfach aufbewahren.

pizza al contrario

PIZZA KOPFÜBER

GABRIELE BONCI ist für seine innovativen Pizzakreationen berühmt. Sein Handwerk hat er bei Pizzarium in der Nähe des Vatikans gelernt. Seitdem hat er das klassische Gericht neu erfunden, indem er seinen langsam gegangenen, saftigen Teig aus alten Weizensorten immer wieder für neue Überraschungen verwendet. Von ihm stammt nicht nur die Pizza, die mit einer ganzen Rinderzunge gefüllt ist, sondern auch die Pizza kopfüber. Bonci backt die Beläge unter dem Teig, sodass dieser im Dampf gegart und ungemein aromatisch wird. Vor dem Servieren wird die Pizza gewendet. Der Name klingt witzig, aber die Idee ist eigentlich simpel – und der Geschmack umwerfend. Wir haben Boncis Rezept so abgewandelt, dass Sie es zu Hause nachmachen können. Besonders gut schmeckt es mit Zwiebeln und anderen duftenden Gemüse- oder Kräutersorten. Planen Sie ein, dass der Teig im Kühlschrank 12 Stunden gehen muss. Die Geduld lohnt sich!

Ergibt 1 Pizza von 45 cm x 33 cm

FÜR DEN TEIG

400 g kaltes Wasser

3 g (¾ TL) Trockenhefe

500 g Einkorn-Mehl plus etwas mehr zum Bestäuben

15 g (2½ TL) Meersalz

28 g (2 EL) natives Olivenöl extra plus etwas mehr zum Einfetten

FÜR DEN BELAG

5 frische Zweige Thymian

4 weiße Zwiebeln, in Ringe geschnitten

Meersalz und frisch gemahlener schwarzer Pfeffer

60 ml natives Olivenöl extra

Den Teig zubereiten: 350 ml kaltes Wasser in eine kleine Schüssel geben. Die Hefe daraufstreuen und einige Minuten beiseitestellen, bis die Hefe aufgelöst ist.

Mehl und Hefemischung in einer großen Schüssel mit den Händen oder einem Kochlöffel verrühren, bis kein trockenes Mehl mehr zu sehen ist. Die Schüssel mit Frischhaltefolie abdecken und den Teig 20 Minuten bei Zimmertemperatur ruhen lassen.

Salz, restliches Wasser und Öl zum Teig geben und zügig von Hand oder mit einem Kochlöffel einarbeiten. Den Teig zu einer Kugel formen, in eine eingeölte Schüssel oder in einen Kunststoffbehälter legen, fest mit Frischhaltefolie abdecken und 6 Stunden in den Kühlschrank stellen.

Den Teig aus dem Kühlschrank nehmen. Die Folie abnehmen. Mit einer feuchten Hand am Rand ein Stück des Teigs erfassen, nach oben und außen ziehen, dann über die Mitte auf den Teigklumpen legen. Die Schüssel um 45 Grad drehen und wiederholen. Das Ziehen und Falten so oft wiederholen, bis die Schüssel einmal komplett gedreht wurde. Die Schüssel wieder mit Frischhaltefolie abdecken und nochmals 6 Stunden in den Kühlschrank stellen.

Den Teig aus dem Kühlschrank nehmen und 30 Minuten bei Zimmertemperatur stehen lassen.

Den Backofen auf 250 °C vorheizen. Ein Ofengitter auf der mittleren Schiene platzieren.

Ein Backblech mit Backpapier auslegen. Thymian, Zwiebeln und Salz und Pfeffer gleichmäßig daraufgeben. Mit dem Olivenöl beträufeln, alles mit den Händen mischen und gleichmäßig verteilen.

Den Teig auf eine saubere, trockene, bemehlte Arbeitsfläche stürzen, eventuell mit den Fingern aus der Schüssel lösen. Die Teigoberfläche mit Mehl bestreuen. Den Teig mit den Fingerspitzen vorsichtig auf die Größe des Backblechs dehnen, dabei nicht einreißen lassen. Den Teig auf die Zutaten auf dem Blech legen und nochmals dehnen, bis sie ganz bedeckt sind. Eventuelle Löcher abdichten. Das Backblech mit Frischhaltefolie abdecken und den Teig bei Zimmertemperatur 20 Minuten ruhen lassen.

In den Ofen auf das Gitter schieben und etwa 20 Minuten goldbraun backen. Aus dem Ofen nehmen und die Pizza 5 Minuten abkühlen lassen. Auf ein großes Schneidebrett stürzen, das Backpapier abziehen, die Pizza in Stücke schneiden und servieren.

i cracker

KRÄCKER

IN SÜDITALIEN serviert man zu Drinks kleine runde Kräcker, die *taralli* heißen. Die salzigen Ringe machen durstig, ebenso wie gesalzene Erdnüsse. Abgesehen davon, dass die knusprigen Snacks den Getränkeabsatz steigern, schmecken sie wirklich gut zu einem kalten Bier. Unsere Kräcker lehnen sich an den Geschmack der *taralli* an, sind aber flach, rund und knusprig. Besonders dünn lässt sich der Teig mit einer Nudelmaschine ausrollen.

Ergibt 8 Kräcker

90 ml warmes Wasser (40–46 °C)

5 g (1 ¼ TL) Trockenhefe

300 g Weizenmehl (Type 405) plus etwas mehr zum Bestäuben

5 g (1 TL) Meersalz

Geschmackszutaten nach Belieben (siehe unten)

28 g (2 EL) natives Olivenöl extra

Das warme Wasser in eine kleine Schüssel geben, die Hefe daraufstreuen und 10 Minuten beiseitestellen, bis die Hefe aufgelöst ist.

Mehl und Salz in eine mittelgroße Schüssel oder auf die Arbeitsfläche sieben. Nach Belieben Geschmackszutaten untermischen. Eine Vertiefung in die Mitte drücken. Das Olivenöl und 5 Esslöffel Wasser in die Vertiefung geben, dann die Hefemischung zufügen. Alles mit den Händen zu einer Kugel verkneten.

Den Teig auf einer leicht bemehlten Arbeitsfläche einige Minuten kneten, bis er weich und glatt ist. Zu einer Kugel formen, eine mittelgroße Schüssel darüberstülpen und den Teig 30 Minuten ruhen lassen.

Den Backofen auf 200 °C vorheizen. Ein Backblech mit Backpapier auslegen.

Den Teig in 8 gleich große Stücke schneiden. Ein Stück mit den Händen flach drücken und dünn mit Mehl bestreuen, die restlichen Teigstücke bis zur Verarbeitung wieder unter die Schüssel legen. Den Teig durch die Nudelmaschine drehen. Mit der dicksten Einstellung beginnen und allmählich dünnere Einstellungen wählen, bis der Teig so dick wie 4 aufeinanderliegende Spielkarten ist. Falls Geschmackszutaten verwendet wurden, nicht ganz so dünn ausrollen, damit der Teig nicht reißt. Auf das vorbereitete Backblech legen und mit den restlichen Teigportionen wiederholen.

Die Teigfladen mehrmals mit einer Gabel oder einem Spieß einstechen. Im vorgeheizten Ofen 10–12 Minuten backen, bis sie blasig sind. Sofort servieren oder in einem luftdicht schließenden Behälter bei Zimmertemperatur bis zu 1 Woche aufbewahren.

KRÄCKER MIT SCHWARZEM PFEFFER: 1 Esslöffel grob gemahlenen schwarzen Pfeffer zum gesiebten Mehl und Salz geben.

KRÄCKER MIT *PEPERONCINO*: 1 Esslöffel *peperoncino*-Flocken oder rote Chiliflocken zum gesiebten Mehl und Salz geben.

ROSMARIN-KRÄCKER: 1 Esslöffel fein gehackten frischen Rosmarin zum gesiebten Mehl und Salz geben.

ciabattina di passi

CIABATTINA NACH ART VON PASSI

ZURZEIT IST es in Rom im Trend, klassische Gerichte wie Kutteln, Zunge oder Ochsenschwanz »auf die Hand« anzubieten. Bis vor Kurzem konnte man solche Spezialitäten nur in Restaurants oder zu Hause am Tisch genießen. Inzwischen bekommt man an Markt- und Imbissständen immer öfter herzhafte, selbst gemachte Klassiker in Brot oder Brötchen mit knuspriger Kruste und weichem Inneren. Das beste Fast Food dieser neuen Art gibt es bei Mordi e Vai auf dem Markt in Testaccio. Sergio und Mara Esposito verwenden *ciabattine* von Panificio Passi an der nahe gelegenen Piazza Santa Maria Liberatrice. Unsere Version ist etwas komplexer. Durch Hartweizenmehl schmeckt sie leicht nussig, natives Olivenöl extra sorgt für Weichheit und bessere Haltbarkeit. Der Honig steuert einen feinen Duft bei und bildet ein wunderbares Gegengewicht zu herzhaften Füllungen wie *Picchiapò* (Seite 84) und *Pollo alla romana* (Seite 89), aber auch zu säuerlichen Belägen wie *Concia* (Seite 109). Wer selbst backt, braucht sich nicht ins Gedränge vor Passis Tresen zu stürzen, obwohl der Andrang von Kunden auch seinen Charme hat.

***Ergibt 8* ciabattine**

1 Rezept *Biga* (Seite 196)

240 g kaltes Wasser

250 g Weizenmehl (tipo 00)

50 g Hartweizenmehl plus etwas mehr zum Bestäuben

15 g (1 EL) natives Olivenöl extra plus etwas mehr zum Einfetten

15 g (2 ½) TL Meersalz

10 g (1 ½) TL Honig

In einer mittelgroßen Schüssel *biga* und Wasser mit den Händen mischen. Der *biga* löst sich nicht ganz auf, wird aber weicher, und das Wasser wird milchig weiß. Mehl, Hartweizenmehl, Olivenöl, Salz und Honig zugeben und alles mit den Händen vermengen, bis kein trockenes Mehl mehr zu sehen ist. Der Teig sieht noch klumpig aus. Die Schüssel mit Frischhaltefolie abdecken und bei Zimmertemperatur 30 Minuten ruhen lassen.

Die Folie abnehmen. Mit einer feuchten Hand am Rand ein Stück des Teigs erfassen, nach oben und außen ziehen, dann über die Mitte auf den Teigklumpen legen. Die Schüssel um 45 Grad drehen und wiederholen. Das Ziehen und Falten so oft wiederholen, bis die Schüssel einmal komplett gedreht wurde. Die Schüssel wieder mit Frischhaltefolie abdecken. Diesen Vorgang noch zweimal in Abständen von 30 Minuten wiederholen.

Eine mittelgroße Schüssel dünn einölen. Den Teig mit der glatten Seite nach oben hineinlegen. Mit Frischhaltefolie abdecken bei Zimmertemperatur 30 Minuten ruhen lassen.

Den Backofen auf 250 °C vorheizen. Einen Pizzastein oder ein umgedrehtes Backblech (Seite 182) zum Vorheizen in den Ofen schieben.

Den Teig auf eine großzügig bemehlte Arbeitsfläche stürzen, eventuell mit den Fingern aus der Schüssel lösen. Den Teig mit Mehl bestreuen. Die Hände unter den Teig schieben, die Finger zeigen zur Mitte. Den Teig nicht flach drücken, sondern vorsichtig mit den Händen zu einem 10 cm x 38 cm großen Streifen auseinanderziehen. Den Teig um 90 Grad drehen und zu einem 20 cm x 38 cm großen Rechteck auseinanderziehen, das weniger als 2,5 cm dick ist. Den Teig 5 Minuten ruhen lassen, dann längs halbieren. Jede Hälfte mit einem Teigschaber oder Messer in 4 gleich große Stücke teilen.

Ein Teigrechteck vorsichtig wenden, anheben und mit den Händen auf eine Länge von 15 cm ziehen. Mit den anderen Teigstücken ebenso verfahren. Die Teigstücke mit etwas Abstand auf Backpapier legen, mit Frischhaltefolie abdecken und nochmals 20 Minuten ruhen lassen.

Das Backpapier mit dem Teig auf den vorgeheizten Pizzastein oder das umgedrehte Backblech ziehen. Aus einer Sprühflasche mit Wasser etwa 10 Sprühstöße auf den Teig geben, dann die Ofentür schließen. Die Ofentemperatur auf 200 °C reduzieren und den Teig nach 3 Minuten noch einmal einsprühen.
18–20 Minuten backen, bis die Brote dunkelgoldbraun sind und sich leicht anfühlen.

Die *ciabattine* aus dem Ofen nehmen und auf einem Küchengitter 25 Minuten auf Zimmertemperatur abkühlen lassen. Am gleichen Tag verbrauchen. Alternativ einfrieren (bis zu 1 Monat), bei Zimmertemperatur etwa 1 Stunde antauen lassen, dann 8 Minuten im vorgeheizten Backofen bei 150 °C aufbacken.

trecce con olive, noci, e zucchine

KNUSPERSTANGEN MIT OLIVEN, WALNÜSSEN UND ZUCCHINI

TRECCE SIND gedrehte Teigstangen, die mit verschiedenen Zutaten gefüllt werden. Für dieses Rezept wird ein Vorteig (italienisch *biga*) zubereitet, der den Teig schön elastisch macht und seinen Geschmack verbessert. Planen Sie ein, dass der Vorteig einen Tag vor dem Backen der *trecce* angesetzt werden muss. Wir haben etwas Trockenhefe zugegeben, um den Fermentierungsprozess in Gang zu bringen.

Ergibt 6 trecce in 3 Varianten

FÜR DEN TEIG

1 Rezept *Biga* (siehe unten)

400 g warmes Wasser

50 g natives Olivenöl extra plus etwas mehr zum Einfetten

5 g (¾ TL) Malzsirup oder 10 g (2½ TL) Zucker

650 g Weizenmehl (tipo 00) plus etwas mehr zum Bestäuben

4 g (1 TL) Trockenhefe

17 g (2½ TL) Meersalz

FÜR DIE FÜLLUNGEN

1 EL natives Olivenöl extra plus etwas mehr zum Bestreichen

¼ TL frisch gehackter Rosmarin

1 Prise *peperoncino*-Flocken oder rote Chiliflocken

2 kleine, feste Zucchini, quer in möglichst dünne Scheiben gehobelt

Meersalz

80 g Oliven, entsteint und in Scheiben geschnitten

60 g Walnüsse, leicht geröstet und grob gehackt

Den Teig zubereiten: *biga,* Wasser, Olivenöl und Malzsirup in einer großen Schüssel mit den Händen 5 Minuten vermengen, bis eine feuchte klumpige Mischung entsteht. Mehl und Hefe in einer mittelgroßen Schüssel mischen, dann die *biga*-Mischung zufügen. Alles mit einem Kochlöffel zu einem klebrigen Teig verrühren. Auf eine saubere, trockene Arbeitsfläche legen, das Salz zufügen und den Teig 5 Minuten mit den Händen durchkneten, bis er geschmeidig ist und nicht mehr klebt. Den Teig wieder in die Schüssel legen, mit Frischhaltefolie abdecken und an einem warmen Platz ca. 1 Stunde gehen lassen.

Inzwischen die Füllung zubereiten: Das Olivenöl in einer kleinen beschichteten Pfanne auf mittlerer bis hoher Stufe erhitzen. Wenn das Öl zu schimmern beginnt, den Rosmarin zufügen. Sobald er brutzelt, die *peperoncino*-Flocken zugeben und kurz erhitzen, bis sie duften. Dann die Zucchini und 1 Prise Salz zufügen. 4–5 Minuten dünsten, bis die Zucchini weich sind. Den Topf vom Herd nehmen und zum Abkühlen beiseitestellen.

Den Backofen auf 260 °C vorheizen. Zwei Backbleche einölen.

Den Teig mit einem Teigschaber oder Messer in 6 gleich große Stücke teilen und diese auf einer leicht bemehlten Arbeitsfläche auf eine Länge von 60 cm ausrollen. Die Finger mit Olivenöl einölen und die Streifen zu einer Größe von 6 cm x 60 cm ausstreichen. Den Teig 10 Minuten ruhen lassen.

Die Olivenscheiben auf die unteren Hälften der ersten beiden Teigrechtecke streuen. Dann die gehackten Nüsse auf die unteren Hälften von zwei weiteren Teigrechtecken verteilen und zum Schluss die abgekühlten Zucchini auf die unteren Hälften der letzten beiden Teigrechtecke geben.

BITTE UMBLÄTTERN

Sie können die *trecce* auch direkt auf dem Backblech füllen. So können Sie sicher sein, dass beim Umsetzen weniger Füllung herausfällt.

Nun die freien Teighälften über die belegten klappen und die Seiten zusammendrücken. Die Längsseiten bleiben offen. Den Teig mit beiden Händen vorsichtig drehen, als ob Sie ein Handtuch auswringen. Die Füllung soll stellenweise zu sehen sein.

Die *trecce* dünn mit Olivenöl einpinseln und 10 Minuten ruhen lassen.

Die *trecce* auf die vorbereiteten Backbleche legen, die Ofentemperatur auf 200 °C reduzieren. 18–20 Minuten backen, bis der Teig hellbraun ist.

Aus dem Ofen nehmen, dünn mit Öl einpinseln und mit etwas Salz bestreuen. Sofort servieren. In einem luftdichten Behälter sind die *trecce* bei Zimmertemperatur etwa 3 Tage haltbar.

biga

3 g (1 TL) Trockenhefe

120 g gefiltertes Wasser

200 g Weizenmehl (tipo 00)

natives Olivenöl extra zum Einfetten

Das Wasser in eine Schüssel geben und die Hefe daraufstreuen. Einige Minuten beiseitestellen, bis die Hefe aufgelöst ist.

In einer mittelgroßen Schüssel die Hefemischung gründlich mit dem Mehl verrühren. Die Masse von Hand durchkneten, bis sie glatt ist. Zu einer Kugel formen.

In eine mittelgroße, saubere, dünn eingeölte Schüssel legen und mit Frischhaltefolie abdecken. 12 Stunden ins Gemüsefach des Kühlschranks stellen. Das Volumen soll sich fast verdreifachen. Tut es das nicht, lassen Sie den Teig bei Zimmertemperatur weiter gehen, bis sich sein Volumen etwa verdreifacht hat.

ROMS HERVORRAGENDE BÄCKER

IN DER NÄHE eines Verkehrsknotenpunkts liegt das Grab des Marcus Vergilius Eurysaces. Er war Sklave und wurde nach seiner Freilassung Brotbäcker. Wenn Straßenbahnen und Pendlerzüge an dem 2000 Jahre alten Sandsteinbauwerk vorbeirattern, kneten Bäcker in der ganzen Stadt Teig oder lassen ihn gehen – so wie es Eurysaces vor vielen Jahrhunderten getan hat. Wahrscheinlich bezog er sein Mehl von den Mühlen am Tiber und anderen, die durch Quellen oder Aquädukte angetrieben wurden. Seine Kunden lebten möglicherweise von staatlicher Unterstützung, denn damals erhielten Hunderttausende Römer kostenloses oder subventioniertes Getreide, aus dem die Bäcker Brot herstellten. Vermutlich verarbeitete er Gerste, Roggen und Emmer aus Süditalien und Nordafrika. Um ein Grab dieser Größe zu finanzieren, muss er enorm produktiv gewesen sein. Die Reliefs zeigen das Mahlen, Kneten, Dehnen und Backen – das legt nahe, dass Eurysaces all diese Arbeitsgänge ausführte. Im 2. Jahrhundert hatte Rom ungefähr eine Million Einwohner. Es brauchte viele Bäcker, um so viele Menschen zu ernähren. Nur wenige von ihnen brachten es zu Ruhm und Reichtum, aber es gab offenbar auch einige, die berüchtigt waren.

Die Römer ernähren sich heute abwechslungsreicher als ihre Vorfahren in der Antike und brauchen Brot nicht mehr als Sattmacher. Die Konkurrenz der Supermärkte ist für kleine Bäckereien oft kritisch. Trotzdem konnten sich alteingesessene Bäckereien wie »Antico Forno Roscioli« und »Forno Campo de' Fiori« behaupten, weil sie mit der Zeit gegangen sind und neben Groß- und Einzelhandel auch Pizza stückweise zum Mitnehmen sowie kleine Mahlzeiten anbieten. Beide konnten auch deshalb überleben, weil mehrere Generationen in den Familienbetrieben mitarbeiten.

In den letzten Jahren haben prominente Fernsehköche dazu beigetragen, dass handgemachte Lebensmittel, vor allem Brot und Pizza, wieder mehr geschätzt werden. Davon profitiert eine neue Generation von Bäckern, unter ihnen Gabriele Bonci und Stefano Preli, die in ihren Geschäften eigene Kreationen verkaufen und sich einen Ruhm erworben haben, der sich mit dem von Eurysaces messen kann.

habemus panem di john regefalk

JOHN REGEFALKS BROT MIT FENCHELPOLLEN UND MOHNSAMEN

KÜCHENCHEF und Bäcker John Regefalk hat ein Brot entwickelt, das sich in Geschmack, Form und Zutaten an die römische Antike anlehnt – darum der lateinische Name, der zugleich eine Anspielung auf *Habemus Papam* ist, die berühmte Verkündung der Wahl eines neuen Papstes. Er verwendet alte Getreidesorten ähnlich denen, die die Römer aus ihrem riesigen Reich in die Hauptstadt importierten und an Bäckereien und die Truppen verteilten. Die gegliederte Form geht auf die alte Sitte zurück, das Brot vor dem Backen einzuschneiden, damit man es, wenn kein Messer zur Hand ist, leicht in Stücke brechen kann. Der Getreidebrei muss mindestens 12 Stunden vor dem Backen zubereitet werden, und der selbst gemachte flüssige Sauerteig braucht mindestens 1 Woche Reifezeit. Sauerteig kann man in Bioläden kaufen, wir stellen hier aber auch ein Grundrezept vor, nach dem Sie ihn selbst herstellen können.

Ergibt 2 Laibe

FÜR DEN GETREIDEBREI

150 g Dinkelvollkornmehl

225 ml kochendes, gefiltertes Wasser

FÜR DAS BROT

300 g feines Dinkel- oder Emmermehl (Type 630 bzw. 405)

500 g Weizenmehl (tipo 00) plus etwas mehr zum Bestäuben

200 g flüssiger Sauerteig (siehe Seite 201)

570 g gefiltertes Wasser

5 g (1 TL) Fenchelpollen

23 g (1 EL plus 1 TL) Meersalz

30 g Mohnsamen

Den Getreidebrei zubereiten: Das Mehl in eine mittelgroße hitzebeständige Schüssel geben und mit dem kochenden Wasser übergießen. Mit einem Kochlöffel zu einem Brei verrühren. 10 Minuten abkühlen lassen, dann mit Frischhaltefolie abdecken und 12 Stunden bei Zimmertemperatur ruhen lassen.

Das Brot zubereiten: Nach 12 Stunden beide Mehlsorten und den Sauerteig mit 470 g Wasser in einer großen Schüssel verrühren. Mit Frischhaltefolie abdecken und 30 Minuten ruhen lassen.

Getreidebrei, Fenchelpollen, Salz und restliches Wasser zugeben und alles langsam mit den Händen verkneten. Wenn der Teig glatt und geschmeidig ist, die Schüssel wieder mit Frischhaltefolie abdecken und den Teig bei Zimmertemperatur etwa 30 Minuten ruhen lassen.

Die Folie abnehmen. Mit einer feuchten Hand am Rand ein Stück des Teigs erfassen, nach oben und außen ziehen, dann über die Mitte auf den Teigklumpen legen. Die Schüssel um 45 Grad drehen und wiederholen. Das Ziehen und Falten so oft wiederholen, bis die Schüssel einmal komplett gedreht wurde.

Bei den ersten beiden Faltvorgängen arbeiten Sie mit normaler Kraft, damit sich ein stabiles Gluten-Netzwerk bildet. Durch die Fermentierung wird der Teig luftiger, darum müssen Sie beim letzten Faltvorgang mit weniger Kraft arbeiten, um ihn nicht flach zu drücken – dadurch würde die Wirkung der Hefe ja wieder zunichte gemacht.

Die Schüssel wieder mit Frischhaltefolie abdecken. Diesen Vorgang noch zweimal wiederholen, zwischendurch den Teig jeweils 1 Stunde ruhen lassen.

Beim dritten Faltvorgang vorsichtig arbeiten, um den Teig nicht flach zu drücken. Nochmals 1 Stunde ruhen lassen.

Den Teig auf eine großzügig bemehlte Arbeitsfläche stürzen, eventuell mit den Fingern aus der Schüssel lösen. Den Teig mit einem Messer oder Teigschaber halbieren.

BITTE UMBLÄTTERN

Die 4 Kanten jedes Teigstücks nacheinander zur Mitte falten und behutsam andrücken. Die Teigstücke auf der Arbeitsfläche mit Frischhaltefolie abdecken und 15 Minuten ruhen lassen.

Die Teigstücke mit der Naht nach oben auf eine leicht bemehlte Arbeitsfläche legen. Überschüssiges Mehl abstreifen. Die Seiten nochmals hochziehen und zur Mitte falten, diesmal jedoch in 8 Arbeitsschritten. Danach haben die Laibe eine runde, gewölbte Form. Die Laibe mit der Naht nach unten direkt auf einen mit Backpapier belegten Pizzaschieber oder auf ein umgedrehtes Backblech legen. Falls sie die Form nicht halten, die Laibe wenden und die Seiten nochmals hochziehen und zur Mitte falten.

Die Laibe mit etwas Wasser aus einer Sprühflasche befeuchten, mit den Mohnsamen bestreuen und mit Frischhaltefolie abdecken. Bei Zimmertemperatur 1 Stunde ruhen lassen.

Den Backofen auf 250 °C vorheizen. Einen Pizzastein oder ein umgedrehtes Backblech zum Vorheizen hineinschieben.

Wenn die Laibe aufgegangen sind, die Folie abnehmen und die Oberseite mit einem Teigschaber oder Messer so einkerben, dass 6 keilförmige Segmente entstehen. Den Teig nicht ganz durchteilen. Das Backpapier mit den Laiben auf den vorgeheizten Pizzastein oder das umgedrehte Backblech ziehen. Aus einer Sprühflasche mit Wasser etwa 10 Sprühstöße auf den Teig geben, dann die Ofentür schließen. Die Ofentemperatur auf 200 °C reduzieren und den Teig nach 3 Minuten nochmals einsprühen. Die Brote etwa 1 Stunde backen, bis sie dunkelgoldbraun sind, sich leicht anfühlen und beim Klopfen gegen die Unterseite hohl klingen.

Aus dem Ofen nehmen und auf einem Küchengitter ganz abkühlen lassen, erst dann anschneiden. Das Brot hält sich gut und hat nach dem Auskühlen oder am nächsten Tag den besten Duft.

Flüssiger Sauerteig

400 g Weizenmehl (tipo 00)

400 g Roggenvollkornmehl

Beide Mehle in einem großen wiederverschließbaren Behälter mischen.

In einer Schüssel 200 g gefiltertes Wasser auf Zimmertemperatur mit 200 g der Mehlmischung glatt rühren. Mit einem Küchentuch abdecken und an einem warmen Ort 48 Stunden lang ruhen lassen.

Nach 48 Stunden prüfen, ob an der Oberfläche und am Rand Bläschen zu sehen sind. Sie sind ein Anzeichen dafür, dass die Fermentierung begonnen hat. Abdecken und weitere 24 Stunden stehen lassen. Danach sollte die Blasenbildung stärker sein, und es sollte ein leicht säuerlicher Geruch wahrzunehmen sein.

25 g dieses fermentierten Vorteigs in eine kleine Schüssel geben, der Rest wird nicht verwendet. 50 g gefiltertes Wasser auf Zimmertemperatur und 50 g der Mehlmischung zugeben und gut verrühren. Abgedeckt bei Zimmertemperatur 24 Stunden stehen lassen.

Den letzten Arbeitsschritt 1 Woche lang alle 24 Stunden wiederholen. Nach dem »Füttern« des Teigs nimmt sein Volumen zunächst zu, später verringert es sich wieder. Der Geruch ist anfangs scharf sauer, später mild, etwa wie Joghurt. Am Tag vor dem Backen wird der Sauerteig zweimal im Abstand von 12 Stunden »gefüttert«.

Am Abend vor dem Backen den Teig vorbereiten: 1 Teelöffel fermentierten Starter in eine Schüssel geben. 100 g gefiltertes Wasser auf Zimmertemperatur und 100 g der Mehlmischung zufügen und gut verrühren. Abgedeckt bei Zimmertemperatur bis zum nächsten Morgen stehen lassen. Nun kann der Sauerteig verarbeitet werden.

Den restlichen Starter können Sie weiter aktiv halten, indem Sie alle 24 Stunden 25 g abfüllen und mit je 50 g gefiltertem Wasser und Mehl verrühren.

DOLCI

Italiens berühmteste und raffinierteste Süßspeisen kommen aus Sizilien, aber auch in Rom bekommt man überall gutes *sorbetto*. Angesichts der steigenden Zahl von Eisdielen, die ihre Produkte in Handarbeit selbst herstellen (Seite 211) kann sich auch das *gelato* sehen lassen. Plätzchen kauft man in Bäckereien, Spezialitäten wie *Maritozzi con la Panna* (Seite 216) gibt es hingegen nur in Konditoreien und traditionellen Cafés. Natürlich eignet sich auch frisches Obst bestens als Abschluss einer Mahlzeit. Das beweisen Pfirsiche in Weißwein, ein Sommerklassiker, den wir hier einmal als Sorbet präsentieren (Seite 208).

affogato al caffe

ZABAIONE-EIS MIT KAFFEE

DIESES EINFACHE Dessert können Sie von Grund auf selbst herstellen oder etwas mogeln und das Eis fertig kaufen. Etwas Süßes mit einem Schuss Kaffee ist ein schöner Abschluss für eine Mahlzeit. Das Dessert ist schnell zubereitet: Einfach eine Kugel Zabaione-Eis – mit Ei und einem Schuss Alkohol – in einen Becher geben, mit Espresso übergießen, und fertig ist ein Dessert, das alle begeistert. Wenn Sie das Eis selbst zubereiten, dauert es etwas länger, weil Sie 6 Stunden Gefrierzeit einplanen müssen.

***Ergibt 6 bis 8* affogati**

5 große Eigelb

125 g Zucker

360 ml Vollmilch

⅛ TL Meersalz

375 g Sahne

100 ml Marsala

1 frisch aufgebrühter Espresso (20–30 ml) pro Person

Wenn Sie keine Eismaschine haben, füllen Sie die gekühlte Zabaione-Mischung in einen großen Gefrierbeutel, den Sie flach auf ein Tablett legen. Einfrieren, bis die Masse fest ist, dann in große Stücke brechen und im Mixer glatt rühren – eventuell in Portionen. Die Mischung in eine Gefrierbox mit Deckel füllen und wieder einfrieren.

In einer mittelgroßen Schüssel Eigelb und Zucker mit einem Handmixer oder Schneebesen 3 Minuten schaumig aufschlagen.

In einem mittelgroßen Topf Milch und Salz bei niedriger Temperatur bis kurz vor den Siedepunkt erhitzen. Nicht aufkochen. Umrühren, damit sich keine Haut bildet. Die Eiermischung auf mittlerer Geschwindigkeitsstufe rühren und eine kleine Menge heiße Milch zugießen. Unter ständigem Rühren langsam die restliche Milch zugießen, dann die Mischung wieder in den Topf geben. Bei ca. 75 °C etwa 3 Minuten erhitzen, bis die Mischung eindickt, dabei ständig mit einem Kochlöffel oder Spatel rühren. Zur Probe mit dem Finger über den Kochlöffel streichen: Er soll eine saubere Spur mit stabilem Rand hinterlassen.

Den Topf vom Herd nehmen und die Creme durch ein feines Sieb in eine Schüssel gießen. Sahne und Marsala zugeben und gut unterrühren. Die Creme abkühlen lassen, dann 6 Stunden oder über Nacht in den Kühlschrank stellen. In einer Eismaschine gemäß Herstelleranweisung zu Eiscreme verarbeiten. Wie Sie ohne Eismaschine vorgehen, lesen Sie im Tipp (links).

Zum Servieren je 2 Kugeln Eiscreme in ein niedriges Glas geben. Den Espresso zubereiten, dann über die Eiskugeln gießen und sofort servieren.

KARNEVALS-SPEZIALITÄTEN

VOM STAAT GEFÖRDERTE Feste gibt es in Rom schon seit der Antike. Unter der Republik durfte das Volk bei heidnischen Festen wie den Saturnalien ausgelassen feiern. Es wurde viel – oft zu viel – gegessen und getrunken. Die Oberschicht übernahm die Kosten. So trugen diese Feste dazu bei, das fragile Gleichgewicht zwischen der Elite und den rechtlosen Bauern aufrechtzuerhalten.

Auch unter den Päpsten waren Feste eine Art Belohnung für die Dienste der Bauern. Mit Glaubensdingen geht man heute anders um, aber an der Lust am Feiern hat sich nichts geändert. Zu den staatlich geförderten Festen gehört der römische Karneval. Als die Feierlichkeiten im 13. Jahrhundert ins Leben gerufen wurden, fanden zwei Tage lang Rennen und Stierkämpfe in Testaccio und auf der Piazza Navona statt. Dann übernahm der aus Venedig stammende Papst Paul II. 1464 die Tiara, und das Fest wurde auf neun Tage ausgeweitet. Auf der kilometerlangen Via del Corso fanden Pferde-, Esel- und Wasserbüffelrennen statt. Wagen mit maskierten Darstellern zogen durch die Stadt, Theatervorstellungen und üppige Bankette wurden veranstaltet.

Heute ist kaum etwas von diesem Ritual übrig geblieben. 1882 wurde der Karneval verboten, um die Macht des Klerus einzuschränken. Ein kürzlicher Versuch der (weltlichen) Regierung, ihn wieder ins Leben zu rufen, ist kläglich gescheitert. Trotzdem feiern die Römer in gewisser Weise Karneval. Kinder verkleiden sich, ziehen durch die Straßen und verstreuen Konfetti. Erwachsene stehen vor den Bäckereien Schlange, um Süßigkeiten zu kaufen, die nur zu Karneval hergestellt werden, beispielsweise *Castagnole* (Seite 207), kastaniengroße frittierte Teigbällchen, die in Zucker gewälzt werden, oder *frappe*, frittierte Teigstreifen, die mit Puderzucker bestreut und mit Honig beträufelt werden. Die Form dieses Fettgebäcks hat sich in den letzten Jahrhunderten kaum verändert, allerdings wird heute anderes Fett verwendet. Zu Zeiten, als die Römer im Winter Schweine schlachteten, frittierte man das Karnevalsgebäck in Schmalz. Heute verwenden die Bäckereien Pflanzenöl, einige bieten auch im Ofen gebackene Varianten für kalorienbewusste Kunden an.

Kontrollieren Sie regelmäßig die Temperatur des Öls. Es darf nicht zu heiß werden, sonst bräunen die Außenseiten der *castagnole* zu schnell, während das Innere noch roh ist. Nicht zu viele Teigbällchen gleichzeitig ins Fett geben.

castagnole

FRITTIERTE TEIGBÄLLCHEN MIT ZUCKER

IHREN NAMEN verdanken die *castagnole* ihrer Form und Größe, die an eine Kastanie *(castagna)* erinnert. Die frittierten Teigbällchen werden in den Bäckereien nur an den letzten Tagen vor Beginn der Fastenzeit verkauft.

***Ergibt 30* castagnole**

- **375 g Weizenmehl (Type 405)**
- **3 große Eier**
- **2 TL Backpulver**
- **1 Prise Natron**
- **2 EL frisch gepresster Orangensaft**
- **½ TL frisch gepresster Zitronensaft**
- **3 EL Sambuca**
- **5 EL Zucker plus etwas mehr zum Wälzen**
- **125 ml Pflanzenöl**
- **125 ml Vollmilch**
- **geschmacksneutrales Öl (Seite 27) zum Frittieren**

Mehl, Eier, Backpulver, Natron, Orangensaft, Zitronensaft, Sambuca, Zucker, Pflanzenöl und Milch in einer großen Schüssel gut verrühren.

In einen kleinen Topf oder eine Gusseisenpfanne mit hohem Rand 5 cm hoch geschmacksneutrales Öl einfüllen und auf mittlerer Stufe auf 180 °C erhitzen. Mit einem Teelöffel oder einem kleinen Eiskugelformer kleine Teigportionen abstechen und mithilfe eines zweiten Teelöffels ins heiße Öl setzen.

Jeweils 4–5 *castagnole* etwa 4 Minuten frittieren, bis sie goldbraun sind, nach der Hälfte der Zeit drehen sie sich von selbst. Nicht zu viele Teigbällchen ins Öl geben.

Kurz auf Küchenpapier abtropfen lassen, dann in Zucker wälzen. Damit der Zucker haftet, müssen sie noch heiß sein.

Castagnole schmecken am besten ganz frisch. Man kann sie aber in einem luftdicht schließenden Behälter bei Zimmertemperatur 3–4 Tage aufbewahren.

sorbetto di pesche e vino

PFIRSICHSORBET MIT WEIN

KLASSIKER wie *pistacchio, cioccolato, nocciola* und *fragola* bekommt man in jeder römischen Eisdiele, aber nur eine Sorte mit Alkohol hat es auf die Favoritenliste geschafft: Zabaione, das aus einer Eigelbcreme mit Marsala zubereitet wird. Neuerdings hat eine überschaubare Zahl von kleinen, handwerklich arbeitenden *gelaterie* das Spektrum erweitert. Eisdielen wie Il Gelato di Claudio Torcè, Fatamorgana, Otaleg und Carapina bieten immer mehr Sorten »mit Schuss« an. Solche erfrischenden beschwipsten Desserts sind auch zu Hause relativ leicht zuzubereiten. Das folgende Rezept ist ein Sorbet, für das keine Milchprodukte verwendet werden. Es lehnt sich an das beliebte Sommerdessert *pesche al vino* an, für das ein gehäuteter Pfirsich in Wein mariniert wird. Die Sorbetmasse muss vor der Verarbeitung in der Eismaschine mindestens 6 Stunden im Kühlschrank ruhen.

Ergibt 475 ml

300 g Pfirsichfruchtfleisch, gewürfelt, plus 1 ganzer Pfirsich

3 EL frisch gepresster Zitronensaft

140 g Zucker

90 ml trockener Weißwein (z. B. Marco Carpinetis Capolemole)

2 frische Zweige Minze (nach Belieben)

Um den Sirup schneller abzukühlen, bereiten Sie ein Eisbad vor, während der Topf auf dem Herd steht. Sobald der Zucker ganz aufgelöst ist, den Topf vom Herd nehmen und in das Eisbad stellen.

In einer mittelgroßen Schüssel die Pfirsichwürfel mit dem Zitronensaft mischen. Beiseitestellen.

125 g Zucker mit 125 ml Wasser in einem kleinen Topf unter ständigem Rühren erhitzen, bis der Zucker aufgelöst ist. Vom Herd nehmen und den Sirup etwa 20 Minuten auf Zimmertemperatur abkühlen lassen.

Die Pfirsichwürfel samt Zitronensaft mit dem Sirup im Mixer glatt pürieren. 60 ml Wein zugeben und nochmals mixen. Die Mischung 6 Stunden oder über Nacht in den Kühlschrank stellen.

Die Pfirsichmischung in eine Eismaschine geben und gemäß Herstelleranweisung zu Sorbet verarbeiten, alternativ wie im Tipp auf Seite 204 beschrieben vorgehen. Inzwischen den ganzen Pfirsich häuten, würfeln und in einer kleinen Schüssel mit restlichem Zucker und restlichem Wein mischen. 30 Minuten durchziehen lassen.

Zum Servieren das Sorbet mit marinierten Pfirsichwürfeln und, falls verwendet, Minze garnieren.

GELATO
FATAMORGANA
GELATO
Organic
Gelato
Home
Made

CIOCCOLATO
TOSCANO AMEDEI
SORBETTO DI MORE
CREAM CARA

EISCREME AUS EIGENER HERSTELLUNG

MAN KANN SICH LEICHT daran gewöhnen, täglich Eiscreme zu essen. Gerade an Sommertagen, die in Rom sehr heiß sein können, ist es ein Genuss. Im Gegensatz zu anderen Gegenden Italiens wird in Rom aber rund ums Jahr viel Eiscreme gegessen, und da es in der Stadt etwa 2500 *gelaterie* gibt, hat man die Wahl zwischen vielen Sorten und Geschmacksrichtungen. Die Anzahl der Adressen, die herausragende Qualität bieten, ist allerdings kleiner.

Für viele Eiscremehersteller hat Qualität nicht die oberste Priorität. Sie müssen Masse produzieren, um der großen Nachfrage nachzukommen und die hohe Miete zu bezahlen. In den letzten zehn Jahren ist der Preis für Eiscreme relativ stabil geblieben, obwohl die Preise für die Zutaten und für die Energie zum Kühlen gestiegen sind. Selbst berühmte, alteingesessene Eisdielen müssen auf Fertigmischungen und andere Industrieprodukte zurückgreifen, um ein bezahlbares Produkt anbieten zu können. Früher enthielt *gelato* immer Milch oder Sahne, heute werden auch Milchpulver und Pflanzenöl verarbeitet.

All das klingt erschreckend, aber gleichzeitig ist ein Silberstreif am Horizont auszumachen. Eine kleine, aber wachsende Gruppe von Anbietern stellt exzellente Eiscreme aus frischen Produkten wie Bio-Milch, einheimischen Früchten und hochwertiger Schokolade her. Diese *gelatai* gehören keiner elitären Strömung an. Sie sind bescheidene, hart arbeitende Menschen, die natürliche Zutaten als Selbstverständlichkeit betrachten. Die neuen Bio-Eiscremehersteller bieten alle klassischen Geschmacksrichtungen wie *crema, cioccolato, stracciatella, pistacchio* sowie Sorbets aus Früchten der Saison an, außerdem aber auch *gelati* und *sorbetti,* die ihre eigenen Vorlieben spiegeln. Dass Claudio Torcè von »Il Gelato di Claudio Torcè« Biertrinker ist, verrät seine Kreation mit Cashews und Malzaroma. Kräuterkennerin Maria Agnese Spagnuolo von »Fatamorgana« hat ein Mandelmilch-Sorbet mit Minze und Ginseng und eine Basilikum-Walnuss-Eiscreme kreiert. Marco Radicioni experimentiert bei »Otaleg« mit Hochprozentigem, und Florentine Simone Bonini von »Carapina« verwendet für ihre cremige Sorte *vin santo* toskanischen Süßwein. So muss man einfach täglich eine Eiskugel genießen!

panna cotta alla menta con salsa di cioccolato

PANNACOTTA MIT MINZE UND SCHOKOLADENSAUCE

PANNACOTTA bekommt man in Rom in jedem Restaurant. Das Milchdessert, das meist mit Schokoladensauce oder Fruchtsirup serviert wird, ist auch zu Hause leicht nachzukochen. Wir haben es mit Minze aromatisiert, die in Rom überall wächst, und servieren dazu eine zartbittere Schokoladensauce. Sie benötigen zur Zubereitung Ramequin-Förmchen mit mindestens 170 ml Volumen und etwas Zeit, denn die Creme sollte vor dem Servieren mindestens 4 Stunden gekühlt werden.

Für 4 Personen

FÜR DIE PANNACOTTA

1 ½ TL gemahlene weiße Gelatine

2,5-cm-Stück Vanilleschote

1 Handvoll frische Minzeblätter plus einige mehr zum Garnieren

3 EL Zucker

250 ml Vollmilch

250 g Sahne

geschmacksneutrales Öl (Seite 27) zum Einfetten

FÜR DIE SCHOKOLADENSAUCE

125 g Sahne

60 g Bitterschokolade, in kleine Stücke gebrochen oder fein gehackt

Wenn Sie die Pannacotta stürzen wollen, erhöhen Sie die Gelatinemenge auf 2 ¼ bis 2 ½ Teelöffel. Zum Servieren 2 Esslöffel Schokoladensauce auf jeden Teller geben und die Pannacotta vorsichtig in die Mitte stürzen.

Die Pannacotta zubereiten: In einer kleinen Schüssel die Gelatine mit 2 Esslöffeln warmem Wasser verrühren. Beiseitestellen, bis sie aufgelöst ist.

Die Vanilleschote längs halbieren und das Mark herausschaben. Mit Minze, Zucker, Milch und Sahne in einen kleinen Topf geben. Bei niedriger Temperatur unter ständigem Rühren bis an den Siedepunkt erhitzen, dann vom Herd nehmen und 10 Minuten stehen lassen (nicht länger!).

Inzwischen 4 Ramequin-Förmchen (160 ml) dünn einölen.

Die Gelatine zur Milchmischung geben und rühren, bis sie aufgelöst ist. Die Mischung durch ein Sieb in einen Messbecher oder eine Rührschüssel mit Ausgießer gießen. Gleichmäßig auf die Ramequin-Förmchen verteilen und locker mit Frischhaltefolie abdecken. Mindestens 4 Stunden oder über Nacht zum Festwerden in den Kühlschrank stellen.

Kurz vor dem Servieren die Schokoladensauce zubereiten. Die Sahne in einem kleinen Topf erhitzen, bis sie dampft, aber noch nicht kocht. Häufig rühren, damit sie nicht ansetzt. Die Schokolade in eine kleine Schüssel geben, mit der heißen Sahne übergießen und 2 Minuten warten, bis die Schokolade weich wird. Dann gut durchrühren.

Etwas Schokoladensauce auf die Pannacotta in den Förmchen geben, mit Minze garnieren und sofort servieren.

granita di caffè

KAFFEE-GRANITA

IM SOMMER steigt die Temperatur in Rom oft auf 35 °C und mehr. Die Sonne brennt unbarmherzig auf das Kopfsteinpflaster, das die Wärme absorbiert und am Abend wieder abgibt. Da überlegen begeisterte Kaffeetrinker – von denen es viele gibt – zweimal, bevor sie einen Espresso bestellen. Selbst *caffè freddo,* gekühlter und gesüßter Espresso, löscht an heißen Tagen nicht wirklich den Durst. Darum mögen wir *granita di caffè,* einen kühlen Mix aus Eis und Kaffee mit leicht gesüßter Schlagsahne.

***Ergibt 6* granite**

FÜR DIE GRANITA

500 ml frisch aufgebrühter Kaffee

5 EL Zucker

FÜR DIE SCHLAGSAHNE

180 g Sahne

3 EL Zucker

1 EL Pernod

Wenn Sie die Granita frühzeitig vorbereiten wollen, lockern Sie das Eis sechs- bis achtmal wie beschrieben und legen es dann ins Gefrierfach. 15 Minuten vor dem Servieren herausnehmen und unmittelbar vorher nochmals durchrühren.

Die Granita zubereiten: Kaffee und Zucker in einer mittelgroßen Schüssel verrühren und 20 Minuten abkühlen lassen. Auf ein Backblech mit hohem Rand gießen und 20 Minuten ins Gefrierfach stellen, bis sich Eiskristalle bilden. Die Mischung mit einer Gabel durchrühren, um die Kristalle aufzubrechen. Diesen Vorgang sechs- bis achtmal in Abständen von 15 Minuten wiederholen, bis die Masse luftig ist.

Inzwischen die Sahne vorbereiten: Die Sahne in einer mittelgroßen Schüssel aufschlagen, bis sie dicklich wird. Zucker und Pernod zugeben und die Sahne noch etwas steifer schlagen.

Die Granita in hohe Gläser füllen und sofort mit einer Sahnehaube servieren.

ROMA
ROMA
ROMA
ROMA
2006
LET'S GO
recommends

€
22,00
Kg
2007
2008
LET'S GO
recommends
LET'S GO
recommends
RISTORANTI
ROMA
2007
2008
la Repubblica

maritozzi con la panna

SÜSSE BRÖTCHEN MIT SCHLAGSAHNE

BEVOR INDUSTRIELL gefertigte *cornetti* üblich wurden, bekam man um die Frühstückszeit überall in römischen Cafés *maritozzi*. Ursprünglich wurden die süßen Hefebrötchen in der Fastenzeit gebacken. Sie hießen *maritozzi quaresimali*, und der Teig enthielt Pinienkerne, Rosinen und kandierte Früchte. Heute ist eher die hier vorgestellte, einfachere Art zu bekommen. Die *maritozzi* werden aufgeschnitten und mit schwach gesüßter Schlagsahne gefüllt. Bei »Regoli«, einer hinreißenden historischen Bäckerei nahe der Piazza Vittorio im Esquiline-Viertel, werden gleich am Eingang *maritozzi* präsentiert, aus denen die großzügige Füllung förmlich herausquillt. Das Teig-Sahne-Verhältnis in unserem Rezept entspricht unseren Vorstellungen, aber entscheiden Sie selbst. Bedenken Sie jedoch, dass der Teig eine Ruhezeit von 2 Stunden braucht.

***Ergibt 12* maritozzi**

FÜR DEN VORTEIG

125 ml warme Milch (40–46 °C)

1 ¼ EL Trockenhefe

155 g Weizenmehl (tipo 00)

1 EL Zucker

FÜR DEN TEIG

7 EL weiche Butter

125 g Zucker

⅛ TL Meersalz

4 große Eier (auf Zimmertemperatur)

385 g Weizenmehl (tipo 00) plus etwas mehr zum Bestäuben

ZUM BESTREICHEN

1 großes Ei

1 EL Vollmilch

Den Vorteig zubereiten: In einer mittelgroßen Schüssel Milch und Hefe verrühren, dann Mehl und Zucker unterrühren. Abgedeckt 20 Minuten ruhen lassen, bis die Mischung Blasen wirft.

Den Teig zubereiten: Den Flachrührer in die Küchenmaschine einsetzen. Butter, Zucker, Salz und Eier bei niedriger Geschwindigkeit verrühren.

Den Flachrührer entfernen und den Knethaken einsetzen. Den Vorteig in die Schüssel gießen, kurz einarbeiten, dann die Hälfte des Mehls zugeben. Bei niedriger Geschwindigkeit 5 Minuten zu einem glatten Teig verkneten. Das restliche Mehl zufügen und weitere 2 Minuten auf niedriger Stufe unterkneten. Falls nötig, den Teig von der Schüsselwand herunterschaben.

Den Teig in der Schüssel 10 Minuten ruhen lassen, dann auf niedriger Stufe 10 Minuten durchkneten, um das Gluten zu aktivieren. Inzwischen zwei Backbleche mit Rand mit Backpapier auslegen.

Den Teig auf eine leicht bemehlte Arbeitsfläche stürzen und in zwölf gleich große Stücke teilen. Jedes Stück mit einer Hand auf die Arbeitsfläche drücken und zu einer festen Kugel rollen. Dann mit beiden Händen aus jeder Kugel einen etwa 10 cm langen Laib formen, der in der Mitte dicker und an den Enden etwas zugespitzt ist (etwa wie eine kleine Honigmelone).

FÜR DIE FÜLLUNG

500 g Sahne

1 EL Zucker

Die Teigrohlinge mit einem Abstand von 3–4 cm auf die vorbereiteten Backbleche legen. Mit Frischhaltefolie abdecken, darüber ein Küchentuch legen. An einem warmen Ort 2 Stunden gehen lassen, bis sich das Teigvolumen verdoppelt hat.

Den Backofen auf 180 °C vorheizen.

Das Ei in einer kleinen Schüssel mit der Milch verquirlen. Die Oberseiten der *maritozzi* unmittelbar vor dem Backen mit der Mischung bestreichen.

Im vorgeheizten Ofen 12–15 Minuten kräftig goldbraun backen. Aus dem Ofen nehmen, 5 Minuten auf dem Backblech abkühlen lassen, dann auf ein Küchengitter legen.

Während die *maritozzi* abkühlen, die Füllung zubereiten: Die Sahne mit dem Zucker steif schlagen.

Jeden *maritozzo* aufschneiden (nicht ganz durchschneiden), mit Sahne füllen und sofort servieren.

crostata di prugne di sara levi

PFLAUMEN-CROSTATA MIT MANDELKRUSTE NACH ART VON SARA LEVI

CROSTATE nennt man Kuchen mit Konfitürefüllung und einem Teiggitter, in Rom isst man sie zum Frühstück oder als Dessert. Kaufen kann man sie in Konditoreien, auch in Cafés werden sie angeboten. Viele kommen aus industrieller Produktion, und nur wenige sind wirklich bemerkenswert. Zu dieser Minderheit gehören die *crostate* von Sara Levi vom Rome Sustainable Food Project. Sara, Römerin mit amerikanischen Wurzeln, bleibt dem traditionellen Rezept treu, reichert den buttrigen Teig aber durch geröstete Mandeln an, die ihm einen wunderbaren Geschmack geben.

Ergibt 1 crostata von 23 cm Ø

250 g ganze Mandeln mit Haut

60 g Weizenvollkornmehl

125 g Weizenmehl (Type 405) plus etwas mehr zum Bestäuben

½ TL gemahlener Zimt

½ TL Meersalz

180 g weiche Butter plus etwas mehr zum Einfetten

155 g Zucker

1 großes Eigelb

340 g Pflaumenkonfitüre

30 g Mandelblättchen (nach Belieben)

Den Backofen auf 160 °C vorheizen.

Ein Backblech mit Backpapier auslegen, die ganzen Mandeln darauf verteilen und im vorgeheizten Ofen 15 Minuten rösten, bis sie duften. Aus dem Ofen nehmen und 30 Minuten zum Abkühlen beiseitestellen.

Die abgekühlten Mandeln mit dem Weizenvollkornmehl im Mixer fein zerkleinern. In eine mittelgroße Schüssel geben. Weizenmehl, Zimt und Salz untermischen und beiseitestellen.

Den Flachrührer in die Küchenmaschine einsetzen. Butter und Zucker bei mittlerer Geschwindigkeit 3 Minuten cremig rühren. Die Masse mit einem Teigschaber von der Schüsselwand schaben. Das Eigelb zufügen und auf mittlerer Stufe unterrühren. Beide Mehlmischungen zugeben und bei niedriger Geschwindigkeit höchstens 1 Minute verrühren. Schüsselwand und Flachrührer abschaben, dann nochmals 20 Sekunden rühren.

Den Teig zu einer Kugel formen, ein Drittel davon abnehmen und in Frischhaltefolie wickeln. Die restliche größere Teigportion ebenfalls in Frischhaltefolie wickeln und beides 1 Stunde in den Kühlschrank stellen. (Wenn Sie den Teig länger kühlen, 30 Minuten vor der weiteren Verarbeitung herausnehmen.)

Den Backofen auf 180 °C vorheizen. Eine Tarte- oder Springform (24 cm Ø) dünn mit Butter einfetten.

Die größere Teigportion zwischen zwei leicht bemehlten Bögen Backpapier zu einem 4–6 mm dicken und etwa 28 cm großen Kreis ausrollen. In die vorbereitete Form legen und am Rand leicht andrücken. Wenn Sie eine Springform verwenden, einen Teigrand von etwa 2,5 cm Höhe formen. Risse im Teig abdichten. Den Teig 30 Minuten kühlen, bis er fest ist.

Inzwischen die kleinere Teigportion ebenfalls 4–6 mm dick ausrollen und mit einem Schneiderad oder einem scharfen Messer in 2,5 cm breite Streifen schneiden. Die Streifen 5 Minuten ins Gefrierfach legen, damit sie fest werden.

Die Form aus dem Kühlschrank nehmen. Die Pflaumenkonfitüre auf dem Boden verteilen. Aus den Teigstreifen ein Gitter auf die Oberseite legen oder die Streifen miteinander verflechten (Seite 49). Die überstehenden Enden der Streifen abschneiden, dann die Streifen fest an den Rand des Teigbodens drücken. Mit Mandelblättchen, falls verwendet, bestreuen.

Im vorgeheizten Ofen etwa 40 Minuten goldbraun backen. Den Kuchen in der Form 30 Minuten auf einem Küchengitter abkühlen lassen. Sofort servieren. In Alufolie verpackt hält sich der Kuchen bei Zimmertemperatur etwa 1 Woche.

torta di ricotta

KÄSEKUCHEN MIT SCHAFSMILCH-RICOTTA

RICOTTAKUCHEN wird zwar überall in Rom als Käsekuchen bezeichnet, aber streng genommen ist der Name irreführend. Ricotta ist kein Käse im engeren Sinn, sondern ein protein- und fettreiches Nebenprodukt der Käseherstellung. In Rom wird er normalerweise aus Schafsmilch hergestellt. Ricottakuchen mit Sauerkirschen *(visciole)* ist ein Klassiker der römisch-jüdischen Tradition. Er ähnelt dem *cassola*, einem Käsekuchen, der im Ghetto entstand. Unser Rezept orientiert sich am Geschmack des Klassikers, die Ricottacreme wird jedoch nicht gebacken. Vor dem Servieren muss der Kuchen mindestens 4 Stunden oder über Nacht gekühlt werden.

Ergibt 1 **torta di ricotta**

FÜR DEN TEIG

5 große Eier, getrennt

155 g Zucker

1 TL Vanilleextrakt

⅛ TL Meersalz

125 g Weizenmehl (Type 405)

bis zu 3 EL Vollmilch, nach Bedarf

FÜR DEN BELAG

465 g Sauerkirschkonfitüre

375 g Ricotta (wir mögen gern die Sorten aus Schafsmilch)

230 g Frischkäse

125 g Zucker

2 TL Vanilleextrakt

80 g Sahne

Sauerkirschen (frisch oder getrocknet) zum Garnieren

Den Teig zubereiten: Den Backofen auf 180 °C vorheizen. Eine Springform (24 cm Ø) mit Backpapier auslegen.

In der Schüssel einer Küchenmaschine mit dem Flachrührer Eigelb, Zucker und Vanille bei mittlerer Geschwindigkeit 4 Minuten hell und cremig rühren. Die Masse soll, wenn man den Flachrührer anhebt, zäh herabfließen.

In einer sauberen Schüssel Eiweiß und Salz mit dem Schneebesen zu steifem Eischnee schlagen.

Nacheinander jeweils ein Drittel des Mehls über die Eigelbmischung sieben und vorsichtig unterheben. Ein Drittel des Eischnees unter den Teig rühren, um ihn zu lockern. Dann den restlichen Eischnee mit einem Teigschaber unterheben. Dabei darf der Eischnee nicht zusammenfallen. Der fertige Teig sollte dickflüssig sein. Ist er zu fest, am besten esslöffelweise die Milch unterrühren.

Den Teig in die vorbereitete Form füllen und 30 Minuten im vorgeheizten Ofen backen, bis der Biskuit sich von der Formwand löst und auf Fingerdruck leicht nachgibt.

BITTE UMBLÄTTERN

Wenn Sie eine zweite Schüssel für die Küchenmaschine haben, können Sie den Eischnee auch darin schlagen. Er wird nur steif, wenn die Schüssel trocken und absolut fettfrei ist.

Den Biskuit aus dem Ofen nehmen und 10 Minuten in der Form abkühlen lassen, dann auf einem Küchengitter ganz erkalten lassen. Den Biskuit quer halbieren. Eine Schicht mit der Schnittfläche nach oben in eine saubere, mit Backpapier ausgelegte Springform legen. Die andere Hälfte in Frischhaltefolie wickeln und für einen anderen Zweck verwenden. Im Kühlschrank aufbewahren oder einfrieren.

Den Belag vorbereiten: Zwei Drittel der Kirschkonfitüre mit etwas mehr als 1 Esslöffel Wasser in einem kleinen Topf bei mittlerer Temperatur 1 Minute erhitzen, bis sie flüssig wird. Durch ein Sieb in eine kleine Schüssel streichen und 5 Minuten abkühlen lassen. Den Teigboden mit Kirschglasur bestreichen, die restliche Glasur beiseitestellen.

In der Küchenmaschine Ricotta, Frischkäse, Zucker und Vanille mit dem Flachrührer bei mittlerer Geschwindigkeit schaumig aufschlagen. Langsam die Sahne unterrühren, dann die restliche Kirschkonfitüre unterheben.

Den Kuchen fertigstellen: Die Füllung auf den Teigboden in der Form geben und mit einem Teigschaber glätten. Mit Frischhaltefolie abdecken und mindestens 4 Stunden oder über Nacht in den Kühlschrank stellen.

Die restliche Glasur mit einigen Sauerkirschen kurz auf dem Herd erwärmen und unmittelbar vor dem Servieren auf den Kuchen gießen.

fave dei morti

ALLERSEELENPLÄTZCHEN

SEIT URZEITEN ist es üblich, der Verstorbenen zu gedenken. Im antiken Rom besuchten die Menschen an bestimmten Tagen die Gräber und picknickten sogar mit ihren Vorfahren auf den Friedhöfen der Vororte. Diese Rituale wurden später von der katholischen Kirche aufgegriffen. Heute nehmen die Römer zwar nicht mehr ihr Essen mit auf den Friedhof, aber sie besuchen noch immer die Gräber. Am 2. November, Allerseelen, in Italien *Commemorazione dei Defunti* oder *Giorno dei Morti* genannt, werden auf den Linien zu den Friedhöfen Prima Porta und Verano mehr Busse eingesetzt. Die Bäckereien verkaufen an diesem Tag spezielle Plätzchen, die *fave dei morti*, wörtlich übersetzt »dicke Bohnen der Toten«.

Ergibt 36 fave dei morti

130 g gemahlene blanchierte Mandeln

125 g Zucker

150 g Weizenmehl (Type 405) plus etwas mehr zum Bestäuben

2 TL gemahlener Zimt

2 EL weiche Butter

1 großes Ei

Den Backofen auf 180 °C vorheizen. Ein Backblech mit Backpapier auslegen.

In einer mittelgroßen Schüssel alle Zutaten mit der Hand zu einem festen Teig verkneten. Auf einer leicht bemehlten Arbeitsfläche noch einige Male durchkneten, dann halbieren. Aus jeder Hälfte eine Rolle von etwa 1 cm Durchmesser formen. Von den Rollen 2,5 cm dicke Stücke abschneiden und jeweils in der Mitte mit dem Daumen eindrücken. Dadurch entsteht die Bohnenform.

Die *fave* auf das vorbereitete Backblech legen und im vorgeheizten Ofen 12–15 Minuten backen, bis sie trocken sind und gerade zu bräunen beginnen. Aus dem Ofen nehmen und auf dem Backblech 30 Minuten abkühlen lassen. Sie sind weich, wenn sie aus dem Ofen kommen, härten aber beim Abkühlen nach.

brutti ma buoni

HASELNUSS-MERINGEN

BRUTTI MA BUONI, »hässlich, aber köstlich« ist eine Beschreibung, die auf viele römische Speisen passt. Die Zutaten mögen herrlich sein, aber das fertige Produkt sieht nicht immer appetitlich aus. In diesem Fall bezieht sich die Bezeichnung *brutti ma buoni* auf Baiser mit gehackten, gerösteten Haselnüssen. Man kann sie nach Gewicht in traditionellen Bäckereien wie »Antico Forno Roscioli« und »Forno Campo de' Fiori« kaufen, und ihre Schönheit liegt definitiv im Geschmack.

***Ergibt 30* brutti ma buoni**

315 g Haselnusskerne mit Haut

155 g Eiweiß (von ca. 5 großen Eiern)

1 große Prise Meersalz

310 g Puderzucker, gesiebt

1 TL Vanilleextrakt

Den Backofen auf 180 °C vorheizen. Die Haselnüsse auf einem Backblech mit Rand verteilen und im vorgeheizten Ofen 5–10 Minuten rösten, bis die Haut dunkel wird und aufplatzt. Aus dem Ofen nehmen und 10 Minuten abkühlen lassen, dann die Haut mit einem Küchentuch abreiben.

Die Ofentemperatur auf 150 °C reduzieren. Ein Backblech mit Backpapier auslegen.

Die Haselnüsse im Mixer grob zerkleinern, nicht zu fein mahlen.

In der Küchenmaschine Eiweiß und Salz mit dem Schneebesen bei mittlerer Geschwindigkeit schaumig schlagen. Bei laufendem Motor langsam den Zucker einrieseln lassen und weiterschlagen, bis die Masse steif ist und glänzt. Haselnüsse und Vanille unterheben.

Die Mischung in einen Topf mit dickem Boden geben und bei niedriger Temperatur unter ständigem Rühren etwa 10 Minuten erhitzen, bis die Mischung trockener wird, etwas klumpt, sich vom Topfrand löst und hellbeige wird. Vom Herd nehmen. Zügig mit zwei Löffeln kleine Teigportionen mit 3–4 cm Abstand auf das vorbereitete Backblech setzen.

15 Minuten backen, bis die Baisers hellbraun sind. Sie fühlen sich etwas weich an, die Kruste wird aber beim Abkühlen fest. Sofort servieren. In einer luftdicht schließenden Keksdose aus Aluminium halten Sie sich etwa 2 Wochen.

CAFFE
PROPAGAND

GETRÄNKE

Nur wenige Städte haben eine so enge Beziehung zum Wein wie Rom. In der Antike brachten die Römer den Wein und das Wissen über die Anbautechnik in alle Winkel ihres Reichs. Kein Wunder also, dass junge Römer Wein eher altmodisch finden und lieber Cocktails und Bier trinken. Wir haben einige unserer Lieblings-Barkeeper gebeten, uns ihre Rezepte zu verraten, die zeigen, was in Rom gerade angesagt ist. Mit Cocktails ist es wie mit dem Backen: Es kommt auf die genauen Mengenverhältnisse an. Aus diesem Grund ist es am besten, immer schön einen nach dem anderen zuzubereiten.

carbonara sour di co.so.

CARBONARA SOUR WIE IM CO.SO.

NACHDEM Massimo D'Addezio 15 Jahre hinter der Bar des Fünfsternehotels Russie gearbeitet hatte, beschloss er, eine eigene Cocktailbar zu eröffnen. Co.So., kurz für Cocktail & Social, liegt in Pigneto, dem Epizentrum des Nachtlebens im Osten Roms. Mit Unterstützung von Giorgia Crea, die ihr Handwerk in London gelernt hat, bietet er dort Cocktails an, die Variationen der Klassiker sind und witzige Namen wie Carbonara Sour tragen. Dieses Rezept ist ein frischer, leichter Wodka Sour mit schwarzem Pfeffer und Zitrone. Wodka mit *guanciale*-Aroma gibt ihm eine dezent-herzhafte Note. Man kann den Drink auch mit einfachem Wodka zubereiten, aber es lohnt sich, etwas Zeit zum Ansetzen des *guanciale*-Wodkas einzuplanen.

Ergibt 1 Cocktail

6 cl *Guanciale*-Wodka (siehe unten)

2 cl einfacher Sirup (Seite 233)

2 cl frisch gepresster Zitronensaft

1 Eiweiß

1 Bio-Zitronenschalenspirale

1 Prise frisch gemahlener schwarzer Pfeffer

Wodka, Sirup, Zitronensaft und Eiweiß im Shaker ohne Eis 15 Sekunden schütteln. Bis zum Rand Eis in den Shaker geben und 30 Sekunden kräftig schütteln, bis der Drink gut gekühlt ist.

In ein weites Whiskyglas mit Eis abseihen. Mit Zitronenschalenspirale und schwarzem Pfeffer garnieren.

wodka al guanciale

GUANCIALE-WODKA

Ergibt 475 ml

500 ml Wodka (40–50 Vol.-%)

120 g ausgelassenes *Guanciale*-Fett

Wodka und *guanciale*-Fett in einem mittelgroßen Schraubglas mischen und gut schütteln. Mindestens 36 Stunden ins Gefrierfach legen. Das Fett soll sich auf der Oberfläche absetzen.

Aus dem Gefrierfach nehmen, das Fett abheben und den Wodka vorsichtig durch ein sehr feines Sieb oder mehrere Lagen Käseleinen gießen. Im Kühlschrank aufbewahren und innerhalb von 1 Woche verbrauchen.

ROMS KNEIPENKULTUR

BIER hat in Mittelitalien eine lange Tradition. Lange bevor die Gründungsväter Romulus und Remus angeblich am Ufer des Tiber angespült wurden, genossen die in der Nähe lebenden etruskischen Völker bereits ein fermentiertes, mit Honig gewürztes Getränk auf Getreidebasis, das sie *pevakh* nannten. Als Rom sich später in diese Gebiete hinein ausbreitete, befassten sich auch die Römer mit der Braukunst. Bier konnte aber nie die Vorherrschaft des Weins anfechten und war tendenziell stets ein Getränk für die Unterschicht.

Im Mittelalter wurde kaum Bier gebraut. Das änderte sich auch später nicht, bis 1901 an der Porta Pia nördlich des Zentrums die Peroni-Brauerei gebaut wurde. Im folgenden Jahrhundert gab es in Rom hauptsächlich industriell produziertes Bier, kleine Privatbrauereien entstanden erst Ende der 1990er-Jahre. Nach britischem Vorbild erklärten sie Bier für wichtiger als Essen und wurden damit zur Randgruppe der römischen Trinkkultur, die dem Essen und Alkohol den gleichen Stellenwert einräumt. Dennoch eroberten sich Kneipen wie »Le Bon Bock« im Bezirk Gianicolense und »Mastro Titta« im Viertel Ostiense eine kleine, aber treue Fangemeinde, und sie ebneten den Weg für die erste Kneipe in Rom, die nur handwerklich gebrautes Bier ausschenkte: Manuele Colonnas »Ma Che Siete Venuti a Fà« (von Stammgästen »Macchè« genannt) im Herzen von Trastevere.

Colonnas im örtlichen Dialekt formuliertes Motto *Quanno moro vojo esse fermentato* bedeutet: »Wenn ich sterbe, möchte ich vergoren werden«. Die Entscheidung hat sich für den Kneipenwirt gelohnt, denn am Tresen und auf dem Kopfsteinpflaster vor der Kneipe herrscht tags und abends reger Betrieb. »Macchè« liegt in einem der beliebtesten Kneipenbezirke der Stadt, wo Heineken und Corona ebenso beliebt sind wie Peroni und Nastro Azzurro. Aus etwa einem Dutzend Zapfhähnen fließen hier jedoch andere Sorten – von alten italienischen Bieren mit säuerlicher Note bis zu obskurem fränkischem Lager. Colonna und seine Kneipe sind Botschafter einer neuen Trinkkultur, und ohne »Macchè« hätte es Craft Beer in Rom nicht zu einer solchen Beliebtheit gebracht.

Heute ist Colonnas Kneipe eine von vielen Adressen, die in Rom hochwertiges Bier ausschenken oder verkaufen. Kneipen wie »Stavio«, »Open Baladin« und »no.au«, werden von Bierbrauern geführt und bieten hausgemachte Biere als Alternative zu Wein. Natürlich gibt es auch die passende Küche: Kartoffelkroketten, Burger und sogar Desserts, die auf die Biere abgestimmt sind, sprechen ein breiteres Publikum an. Eine Bierkneipe, in der man essen kann, ist ebenso beliebt wie eine Weinbar, in der Kleinigkeiten serviert werden – besonders bei jungen Römern, die auf der Suche nach neuen Geschmackserlebnissen und preiswertem Essen sind. Handwerklich gebrautes Bier wird in Rom wohl nie denselben Stellenwert wie Wein haben, aber die Grüppchen, die sich abends vor »Open Baladin« und »Macchè« versammeln, zeigen, dass seine Beliebtheit auch nicht nachlässt.

cinquiéme arrondissement del gin corner

CINQUIÈME ARRONDISSEMENT AUS DEM GIN CORNER

DIE COCKTAILBAR »The Gin Corner« wurde im Sommer 2013 in der Lobby des Hotel »Adriano« in der Nähe des italienischen Parlaments eröffnet. Mit rund 50 Sorten hatte sie damals die größte Gin-Sammlung Italiens. Heute umfasst die Liste mehr als 85 Sorten, und die Bar ist ein Treffpunkt für einheimische und ausländische Kenner geworden. Natürlich werden Gin Sour und Gin & Tonic angeboten, aber die Spezialität des Hauses ist ein herber Gin Sour, der durch einen Schuss Rotwein Farbe und Charakter bekommt. Wer süßliche Drinks bevorzugt, verwendet stattdessen starken Sirup (siehe unten).

Ergibt 1 Cocktail

4,5 cl London Dry Gin (wir mögen gern Beefeater)

2 cl Holunderblütenlikör (z. B. St-Germain)

2 cl einfacher Sirup (siehe unten)

2 cl frisch gepresster Zitronensaft

1 Eiweiß

0,7 cl Rotwein (uns schmeckt Montepulciano d'Abruzzo oder Cesanese)

Gin, Holunderblütenlikör, Sirup, Zitronensaft und Eiweiß in einem Metallshaker ohne Eis mit der Metallspirale des Hawthorne-Strainers 15–20 Sekunden schütteln.

Eis in den Shaker geben und weitere 15–20 Sekunden kräftig schütteln. In einen Shaker ohne Eis abseihen und nochmals 15–20 Sekunden kräftig schütteln.

In ein Collins-Glas mit Eis gießen und vorsichtig den Rotwein über die Rückseite eines Löffels in die Mitte des Glases fließen lassen. Wegen seines Gewichts sinkt der Wein unter den Schaum, und es entsteht ein attraktiver Schichteffekt.

sciroppo di zucchero

EINFACHER SIRUP

Ergibt 250 ml einfachen Sirup (1:1) oder starken Sirup (2:1)

250–500 g Zucker

In einem kleinen Topf den Zucker mit 250 ml Wasser verrühren (250 g Zucker für einfachen Sirup, 500 g für starken). Bei mittlerer bis hoher Temperatur 3–4 Minuten erhitzen, bis sich der Zucker aufgelöst hat.

Vom Herd nehmen und 20 Minuten abkühlen lassen. In einem verschlossenen Schraubglas ist der Sirup im Kühlschrank 1 Woche haltbar.

cosa nostra di patrick pistolesi

COSA NOSTRA NACH PATRICK PISTOLESI

DIES IST der Haus-Cocktail des Caffè Propaganda in der Nähe des Kolosseums – nicht zu verwechseln mit der sizilianischen Mafia, die deutlich stärker ist als das Getränk. Sein Erfinder Patrick Pistolesi gehört zu den Vorreitern der modernen Cocktailszene von Rom. Er ist irisch-italienischer Abstammung und hat eine Schwäche für amerikanische und italienische Klassiker. Hier bringt er beide als eine Art Old-Fashioned mit italienischem Einschlag zusammen. Die Grundlage aus Bourbon wird durch die italienischen Bitter Campari, Rabarbaro Zucca und Fernet-Branca ergänzt.

Ergibt 1 Cocktail

0,7 cl einfacher Sirup (Seite 233)

1 Barlöffel Campari

1 Barlöffel Rabarbaro Zucca

2 Spritzer Fernet-Branca

4,5 cl Bourbon

1 Bio-Zitronenschalenspirale

Sirup, Campari, Rabarbaro Zucca, Fernet-Branca und Bourbon in einem Mixglas mit Eis 30 Sekunden rühren, bis die Mischung gut gekühlt ist.

In ein Old-Fashioned-Glas mit einem großen Eiswürfel gießen. Die Zitronenschalenspirale über den Eiswürfel in den Drink hängen.

frida kahlo

VON MÄRZ bis August 2014 fand in den Hallen der Scuderie del Quirinale, einem Museum in den ehemaligen päpstlichen Pferdeställen, eine Ausstellung der mexikanischen surrealistischen Malerin Frida Kahlo statt. Damals entwickelte Pino Mondello, auf Sizilien geboren und schon lange in der römischen Cocktailszene etabliert, die Getränkekarte für die Cocktailbar Litro im Stadtteil Monteverde Vecchio. Nach einem Besuch der Ausstellung, bei dem ihn besonders die Reise der Künstlerin nach Frankreich (1939) faszinierte, erfand er ihr zu Ehren diesen Cocktail. Der Frida Kahlo vereint den mexikanischen Ilegal Mezcal Joven mit Lillet und St-Germain zu einem blumig-rauchigen Gesamterlebnis.

Ergibt 1 Cocktail

5 cl Mezcal (wir mögen gern Ilegal Mezcal Joven)

3 cl Lillet

2 cl Holunderblütenlikör (z. B. St-Germain)

½ Orangenscheibe

Mezcal, Lillet und Holunderblütenlikör in ein niedriges Rocks-Glas mit Eis gießen und 30 Sekunden rühren, bis der Drink kalt ist.

Mit der Orangenscheibenhälfte garnieren.

nerone

NERO

ÜBER DEN RÖMISCHEN Kaiser Nero wissen viele Menschen kaum mehr, als dass er angeblich den verheerenden Brand der Stadt im Jahr 64 von einem Turm beobachtet und dabei Laute gespielt haben soll. Vor seinem Selbstmord war er bekannt dafür, dass er Dramen und Spektakel liebte und sie in privaten Theatern und öffentlichen Stadien genoss. Giorgia Crea bringt diese Absurdität in ihrem Cocktail Nero im »Co.So. Cocktail & Social« in Pigneto auf den Punkt, den sie mit schwelenden Lorbeerblättern in einem Glas serviert, das von einem Streitwagen gezogen wird. Sie hat ihr Handwerk in London gelernt, lange im Hotel »Russie« gearbeitet und ist bekannt für ihre witzigen Varianten der Klassiker sowie ihre originellen Erfindungen, mit denen sie auf ihre römische Herkunft Bezug nimmt. Hier vermischt sich das medizinisch-herbe Aroma von Enzianwurzellikör mit krautigem Lorbeergeschmack und mildem Bourbon. Der Wodka muss vorher zubereitet werden. Falls welcher übrig bleibt, kann man ihn mit Club Soda oder Tonic mischen.

Ergibt 1 Cocktail

0,7 cl Enzianwurzellikör (uns schmeckt Suze gut)

0,7 cl einfacher Sirup (Seite 233)

1,5 cl Wodka mit Lorbeeraroma (siehe unten)

4,5 cl Bourbon (z. B. Buffalo Trace)

Ein Rocks-Glas mit Enzianwurzellikör ausschwenken, den überschüssigen Likör ausgießen. Sirup, Lorbeer-Wodka, Bourbon und 1 großen Eiswürfel zugeben und rühren, bis der Drink kalt ist.

wodka all'alloro

WODKA MIT LORBEERAROMA

Ergibt 475 ml

475 ml Wodka, (40–50 Vol.-%)

10 frische oder getrocknete Lorbeerblätter, zerbröselt

Wodka und Lorbeerblätter in ein mittelgroßes Schraubglas geben, verschließen und mindestens 48 Stunden ziehen lassen. Die Lorbeerblätter herausnehmen und den aromatisierten Wodka im Kühlschrank aufbewahren.

spritz con cynar

SPRITZ MIT CYNAR

EIN SPRITZ ist ein beliebter Aperitif mit Sekt, Soda und einem bitteren, roten italienischen Likör wie Campari, Aperol oder Select. Für diese Version wird Cynar verwendet, ein Likör aus Artischocken mit dem erdig-süßen Aroma der einheimischen Artischockensorten. Der leichte Aperitif überzeugt durch sein ausgewogenes Verhältnis bitterer und süßer Noten.

Ergibt 1 Cocktail

6 cl Prosecco oder trockener Sekt

3 cl Club Soda

4,5 cl Cynar

1 Zitronenscheibe

Prosecco, Club Soda und Cynar in ein Highball-Glas mit Eis gießen.

Mit der Zitronenscheibe garnieren.

garibaldi

GARIBALDI

IN JEDER italienischen Stadt gibt es einen Platz, der General Giuseppe Garibaldi gewidmet ist. In Rom liegt der Platz auf dem Gipfel des Gianicolo und bietet einen unvergleichlichen Weitblick auf die Skyline der Stadt mit der Kuppel des Petersdoms. Man könnte ihn als Symbol für die Eroberung Roms durch Garibaldi im Jahr 1870 bezeichnen. Wenn es hier oben eine Bar gäbe, würden wir diese Variante des klassischen Garibaldi-Cocktails bestellen, der aus gleichen Teilen Orangensaft und Campari besteht. Wir mögen allerdings lieber einen höheren Anteil Orangensaft. Wenn wir an heißen Tagen Lust auf etwas Prickelndes haben, geben wir noch einen Schuss Prosecco dazu.

Ergibt 1 Cocktail

3 cl Prosecco oder trockener Sekt (nach Belieben)

6 cl frisch gepresster Orangen- oder Blutorangensaft

3 cl Campari

1 Orangenscheibe

Prosecco, falls verwendet, Orangensaft und Campari in ein Highball-Glas mit Eis gießen.

Mit der Orangenscheibe garnieren.

digestivo all'alloro

LORBEER-DIGESTIF

DIE IDEE für diesen Digestif stammt von Alfredo Bergamini, einem der letzten Tiberfischer. Alfredo stellt verschiedene Digestifs her, für die er Fenchelblüten, Lorbeerblätter und Wildkräuter auf dem Gelände um seinen Anlegesteg sammelt. Er legt frische Lorbeerblätter in Alkohol ein, gibt einfachen Sirup dazu und serviert das hochprozentige Getränk nach dem Essen. Er schwört darauf, dass es die Verdauung anregt. Für Alfredos *Digestivo all'Alloro* braucht man Geduld, denn die Zubereitung dauert etwa 7 Wochen. Sie ist aber sehr einfach, und man kann damit wunderbar Gäste nach einem Abendessen überraschen. Nur für die Verdauung – versteht sich.

Ergibt ca. 2 Liter

1 l Everclear (Feinsprit, 95 Vol.-%)

60 frische Lorbeerblätter, gewaschen und zerdrückt

1 l Wasser

1 kg Zucker

Alkohol und Lorbeerblätter in ein großes Schraubglas geben, verschließen und 40 Tage an einen dunklen Platz stellen. Das Glas alle paar Tage schütteln.

Am letzten Tag Wasser und Zucker in einem großen Topf auf mittlerer bis hoher Stufe erhitzen. Inzwischen den aromatisierten Alkohol durch ein Sieb in ein anderes Glas gießen und die Lorbeerblätter wegwerfen. Wenn der Zucker nach 3–4 Minuten aufgelöst ist, den Topf vom Herd nehmen und den Sirup 20 Minuten abkühlen lassen.

Drei Viertel des Sirups zum Alkohol geben. Dann probieren und nach Geschmack mit weiterem Sirup nachsüßen. Die Mischung im geschlossenen Glas 1 Woche an einem dunklen Platz bei Zimmertemperatur ruhen lassen.

Sehr kalt servieren. Der Digestif hält sich im Kühlschrank mindestens 6 Monate und in einem geschlossenen Behältnis im Gefrierfach länger als 1 Jahr.

martinez romano

RÖMISCHER MARTINEZ

DER GIN MARTINEZ wurde vor der Prohibition von Amerikas erstem berühmtem Barkeeper erfunden: Jerry Thomas, auch bekannt als »der Professor«. Er mischte aus Old Tom Gin, süßem Vermouth, Maraschinolikör und Orangenbitter einen Cocktail, den er »The Martinez« nannte. Wir präsentieren die Version der nach ihm benannten Bar »The Jerry Thomas Project«. Dort wird ein hauseigener Vermouth del Professore Classico Bianco verwendet, ein aufgespriteter Moscato-Wein, der mit mehr als einem Dutzend Kräutern und Gewürzen aromatisiert ist. Er hat auch im Ausland Anklang gefunden und wird in manchen gut sortierten Fachgeschäften angeboten.

Ergibt 1 Cocktail

4,5 cl Gin (Beefeater für eine trockene Version, Old Tom für eine süßere)

4,5 cl Vermouth del Professore Classico Bianco

0,7 cl Maraschinolikör

2 Spritzer Orangenbitter

2 Spritzer Angosturabitter

1 Bio-Zitronenschalenspirale

Gin, Vermouth, Maraschinolikör, Orangenbitter und Angosturabitter in ein gekühltes Mixglas mit Eis geben. 30 Sekunden rühren, bis der Drink kalt ist, dann in ein gekühltes Cocktailglas oder ein Coupe-Glas gießen.

Zur Garnierung die Zitronenschalenspirale locker über den Glasrand hängen.

mex man del jerry thomas project

MEX MAN VOM JERRY THOMAS PROJECT

MEZCAL, ein mexikanischer Schnaps mit rauchiger Note, ist neuerdings wieder in Mode. Noch vor einigen Jahren war es in Rom – und woanders – kaum möglich, eine Flasche zu kaufen. Jetzt hat jede Cocktailbar, die etwas auf sich hält, den düsteren Vetter des Tequila gleich in mehreren Varianten im Angebot. In der Flüsterkneipe »The Jerry Thomas Project« im Zentrum von Rom mischen die Barkeeper Mezcal mit ihrem selbst hergestellten Vermouth del Professore Rosso, der nach historischer Turiner Art aufgespritet und aromatisiert wird. Der Vermouth mit dem angenehm erdig-krautigen Aroma hat sich inzwischen internationale Anerkennung erworben.

Ergibt 1 Cocktail

4,5 cl Mezcal

4,5 cl Vermouth di Torino (am besten Vermouth del Professore Rosso)

1 Barlöffel Agavendicksaft

2 Spritzer Schokoladenbitter

2 Spritzer Orangenbitter

Mezcal-Kirschen (siehe unten)

Mezcal, Vermouth, Agavendicksaft, Schokoladenbitter und Orangenbitter in einem Mixglas mit Eis 30 Sekunden rühren, bis der Drink kalt ist. In eine gekühlte Cocktailschale abgießen.

Einige Mezcal-Kirschen auf einen kleinen Holzspieß stecken und den Cocktail garnieren.

ciliegie al mezcal

MEZCAL-KIRSCHEN

Ergibt 200 g ciliegie al mezcal

200 g frische, entsteinte Kirschen

2 EL ganze Kaffeebohnen

180 ml Mezcal

180 ml süßer Sirup (Seite 233)

Kirschen und Kaffeebohnen in ein mittelgroßes Schraubglas füllen, mit Mezcal und Sirup übergießen und verschließen. Schütteln und 1 Monat an einem dunklen Ort ziehen lassen.

EIN EXZENTRISCHER PRINZ UND SEIN RÖMISCHER WEINGARTEN

IM 20. JAHRHUNDERT wurden die einfachen Weine aus der Umgebung Roms wegen ihres Geschmack geschätzt, aber besonders prestigeträchtig waren sie nicht. Es gab allerdings eine Ausnahme: die bemerkenswerten Weine, die von einem exzentrischen Prinzen und seinem kleinen Team von Weinbauern angebaut wurden.

In der Nähe des zehnten Meilensteins der Via Appia, die Rom mit dem Adriatischen Meer verbindet, hat Prinz Alberico Boncompagni Ludovisi, Nachkomme eines italienischen Patriziergeschlechts, seinen Landsitz in eine Bastion unvergleichlicher Qualität verwandelt. In der Nähe bröckelnder Ruinen aus der Kaiserzeit produziert er erstklassige Weine mit dem Namen »Fiorano«.

Die Geschichte des Weins begann mit einer mutigen, unorthodoxen Entscheidung. Der Prinz ließ viele der heimischen Rebstöcke ausreißen und pflanzte stattdessen Merlot, Cabernet Sauvignon und Sémillon aus Frankreich. Die einzige heimische Rebsorte, die Gnade vor seinen Augen fand, war Malvasia di Candia.

Ein halbes Jahrhundert lang ignorierte der Prinz Trends und Moden und kelterte stattdessen Weine von der Art, die er trinken wollte. Sie fanden eine kleine Schar von Anhängern, und obwohl die Rebstöcke aus Frankreich kamen, waren die Weine absolut persönlich und vom Winzer beeinflusst, also unbestreitbar römisch.

Nur wenige Römer hatten das Privileg, Fiorano trinken oder kaufen zu können. Der Prinz verkaufte seinen Wein direkt aus dem Winzereibüro an der Via Appia. Sein Geschäftsgebaren war merkwürdig: Er gab kein Wechselgeld heraus und lieferte nicht immer, was der Kunde bestellt hatte, aber seine Kunden waren ihm treu und fanden sich mit seinen Marotten ab.

Nach der Ernte des Jahres 1995 ließ der Prinz, der gesundheitlich angeschlagen war, den Großteil seiner Weingärten roden. Es wurde gemunkelt, dass er niemandem zutraute, sein Erbe fortzuführen. Im Jahr 2000 verkaufte er seinen gesamten Weinbestand.

SAINT JAMES
MARTINIQUE
EL DORADO 15
APPLETON ESTATE
JAMAICA RUM
DIPLOMATICO
Reserva
Zacapa
EL DORADO 12 RUM
CHAMBORD
7
CABO WABO
CABO WABO
8
8
23
PATRON

2001
Flor de Caña
4
DonJulio
HERRADURA
HERRADURA
COGNAC
Delamain
COURVOISIER
MARTELL

Dank

An erster Stelle danken wir unserer Lektorin und größten Fürsprecherin Amanda Englander, die von Anfang an hinter unserem Buch stand und unsere Vorstellung von Rom sofort nachvollziehen konnte. Das ganze Team bei Clarkson Potter ist wunderbar, darum ***grazie infinite*** an Doris Cooper, Anna Mintz, Carly Gorga, Lauren Velasquez, Stephanie Huntwork, Terry Deal und Luisa Francavilla. Vielen Dank auch an unseren Herausgeber, Aaron Wehner, durch dessen Erfahrung ein Buch entstanden ist, auf das wir stolz sind. Wir danken unserer Agentin Alison Fargis, die uns durch den ganzen Prozess begleitet hat. Unsere Testesser Tatiana Perea, Brad Spence und Talia Baiocchi haben uns wertvolle Tipps und Hinweise gegeben. Ein besonderer Dank geht an Matt Armendariz, Adam C. Pearson und das ganze Team von Shooter+Stylist.

Dieses Buch hätte ohne die großzügige Unterstützung von vielen Küchenchefs, Restaurantbesitzern, ***pizzaioli, gelatai,*** Bäckern, Metzgern, Aalfischern, Bierbrauern, Winzern und Barkeepern nicht entstehen können. Sie alle haben uns ihre Geschichten erzählt, ihre Küchen geöffnet und uns ihre Rezepte verraten. Flavio De Maio, Claudio Torcè, die Familie Gargioli, Stefano Callegari, Francesca Barreca, Marco Baccanelli, die Familie Sartor, Sergio und Mara Esposito, Maria Agnese Spagnuolo, Leonardo Vignoli, Maria Pia Cicconi, die Familie Roscioli, Gabriele Bonci, Daniele Crescenzi, Alessandro Fanelli und Az. Ag. Fanelli, Vito Bernabei, Umberto Pavoncello, die Küche des Rome Sustainable Food Project, Principe Alessandrojacopo Boncompagni Ludovisi und die Tenuta di Fiorano, Patrick Pistolesi, Giorgia Crea, Valerio Albrizio, Massimo D'Addezio, The Jerry Thomas Project (besonderer Dank an Simona für ihre endlose Geduld), Federico Tomaselli, Pino Mondello und die Crew vom Litro, Manuele Colonna, La Tradizione und Cesare und Alfredo Bergamini – *vi ringraziamo di cuore.*

KATIES DANK

Chris Behr bin ich zutiefst dankbar für viele Anregungen und Weisheiten. John Regefalk hat mich als Berater und Freund bei diesem Projekt unterstützt. Seine Großzügigkeit wird nur von seiner Backkunst übertroffen. Danke an Sara Levi für ihre unermüdliche Unterstützung, ihren kompetenten Rat und dafür, dass sie so ein lieber Mensch ist.

Vielen Dank auch an Jo Ann Parla, Lauren Parla, Papa Parla, Nonno Cipollina, Mario Batali, Andrew Zimmern, Mark Bittman, Dana Cowin, Jessica Stewart, Hande und Theo Leimer, Kat Tan Conte, Andrew Sessa, Brian Sandstrom, Rachel Roddy, Maureen Fant, Şemsa

Denizsel, Cenk Sönmezsoy, Ruth Lo, Nathaniel Rich, Sarah Johnson, Ned Maddock, die Familie Vetri, Jack Kukoda, Coach G und Beth Feehan für Unterstützung, Ratschläge und leckeres Essen.

KRISTINAS DANK

Danke an meinen Mann Niccolò, für Unterstützung in allen Belangen – von der Fotoassistenz über die Beschaffung von Requisiten bis zur Suche nach Locations. An Matt Armendariz, weil er ist, wie er ist. Ohne ihn wäre ich nie so weit gekommen. An Grace Bonney, die mir die Kolumne »In the Kitchen with« bei Design*Sponge anvertraut hat, an meine unermüdliche Assistentin Jennice Torres, an Sam Beever, der jede pünktliche Abgabe mit mir gefeiert hat, an Bryant Terry für sein Verständnis, an Tag Christof für tägliche Besuche, an Flavio Girolami, der mir das Geheimnis des Erfolgs erklärt hat, an Samina Langholz und Andrea Brugi für die schönen Holzrequisiten und an Michael Nagin, der mich fotografisch ein gutes Stück weitergebracht hat.

Vielen Dank außerdem an Alessandra, Baby Alice, Ana, Angela, Angelique, Aran, Carolina, Deb und Paul, Daniele, Francesca, Harriet, Heidi, Hilda, Hristina, Jennifer, Jocelyn, Joe, Johnny, Julia, Justin, Kerrbear, Laura, Leela, Lexi, Luisa, Mary, Matt Lewis, Neale, Nicole, Peter, Rashad, Sam S., Sarah R., Sasha von Farm Lot 59, Shelley, Stie, Talmadge, Tom, Yashica und Yvette B für moralische Unterstützung und Begeisterung, an meine Familie, die immer an mich geglaubt hat, und an mein Savoir-Bett für den wunderbaren Schlaf nach sehr langen Tagen in einer Stadt, die seit 16 Jahren mein Zuhause ist.

Bibliografie

Agnetti, Vittorio (Hrsg.). *Italienische Nationalspeisen unter besonderer Berücksichtigung der traditionellen und charakteristischen Gewohnheiten in den verschiedenen Landesteilen: Piemont, Ligurien, Lombardei, Venedig, Reggio Emilia, Romagna, Toskana, Rom, Neapel, Sizilien, Sardinien.* Aus dem Ital. übers. von Emilie Mewes-Béha. Zürich: Orell Füssli, 1916.

Boni, Ada. *Il Talismano della Felicità.* Rom: Colombo, 2006.

Boni, Ada (u.a.). *Cucina italiana: das große Buch der italienischen Küche.* Accademia Italiana della Cucina. Red. Giuseppe Parisi. Aus dem Ital. übers. von Doris Gottwald. Köln: Delphin, 1993.

Boswell, Christopher und Elena Goldblatt. *Verdure: Vegetable Recipes from the Kitchen of the American Academy in Rome.* New York: Little Bookroom, 2014.

Cato, Marcus Porcius. *De agri cultura/Über die Landwirtschaft.* Lateinisch/Deutsch. Hrsg. und aus dem Lat. übers. von Hartmut Froesch. Stuttgart: Reclam, 2009.

Cougnet, Dr. Alberto. *Il Ventre dei Popoli Saggi Di Cucine Etniche e Nazionali.* Turin: Fratelli Bocca, 1905.

Dalby, Andrew und Sally Grainger. *Küchengeheimnisse der Antike [kulinarische Entdeckungen und Rezepte].* Aus dem Ital. übers. von Roland Vocke. Würzburg: Flechsig, 1998.

Dandini, Arcangelo. *Animelle: Viaggio di un Oste.* Rom: Iniziative Italia, 2014.

Dandini, Arcangelo. *Memorie a Mozzichi.* Reggio Emilia: Alberti Editore, 2011.

Di Nepi, Serena. *Sopravvivere al Ghetto: per una storia sociale della comunità ebraica nella Roma del Cinquecento.* Rom: Viella, 2013.

Ferré, Marie Cécile, Mauruzio, Maurizi und Teresa Di Marco. *La Cucina di Roma e del Lazio.* Mailand: Guido Tommasi Editore, 2012.

Ferré, Marie Cécile, Mauruzio, Maurizi und Teresa Di Marco. *La cucina siciliana: Fest der Sinne.* Aus dem Ital. übers. von Ingrid Ickler. Wien u.a.: Ed. Styria, 2011.

Gargioli, Claudio. *Menù Letterario Tipico Romano: Recipes and Love from our Roman Kitchen.* Rom: Atmosphere Libri, 2014.

Goldstein, Joyce. *Cucina Ebraica: Flavors of the Italian Jewish Kitchen.* San Francisco: Chronicle Books, 1998.

Peña, J. Theodore. *Roman Pottery in the Archaeological Record.* Cambridge: Cambridge University Press, 2007.

Plinius der Ältere. *Naturalis historia/Naturgeschichte.* Lateinisch/Deutsch. Hrsg., ausgewählt und aus dem Lat. übers. von Marion Giebel. Stuttgart: Reclam, 2015.

Roden, Claudia. *Das Buch der Jüdischen Küche. Eine Odyssee von Samarkand nach New York.* Aus dem Engl. übers. von Margot Fischer. Wien: Mandelbaum, 2012.

Roumani, Maurice. *The Jews of Libya.* Brighton: Sussex Academic Press, 2009.

Scully, Terence. *The Opera of Bartolomeo Scappi.* Toronto: University of Toronto Press, 2011.

Stow, Kenneth R. *Jewish Life in Early Modern Rome: Challenge, Conversion, and Private Life.* Farnum: Ashgate, 2007.

Stow, Kenneth R. *The Jews in Rome.* Leiden: E. J. Brill, 1995.

Toaff, Ariel. *Mangiare alla Giudia: La cucina ebraica in Italia del Rinascimento all'età moderna.* Bologna: Il Mulino, 2000.

Waagenaar, Sam. *Il Ghetto sul Tevere.* Mailand: Arnoldo Mondadori Editore, 1973.

Ward-Perkins, Bryan. *Der Untergang des Römischen Reiches und das Ende der Zivilisation.* Aus dem Engl. übers. von Nina Valenzuela Montenegro. Darmstadt: Wissenschaftliche Buchgesellschaft, 2007.

Zanini De Vita, Oretta. *Encyclopedia of Pasta.* Aus dem Ital. übers. von Mauren Fant. Oakland: University of California Press, 2009.

Zanini De Vita, Oretta. *Il Lazio a Tavola.* Rom: Alphabyte Books, 1994.

Zanini De Vita, Oretta. *Popes, Peasants, and Shepherds: Recipes and Lore from Rome and Lazio.* Aus dem Ital. übers. von Mauren Fant. Oakland: University of California Press, 2013.

Zanini De Vita, Oretta, and Maureen Fant. *Sauces & Shapes: Pasta the Italian Way.* New York: W. W. Norton, 2013.

Register

Hinweis: *Kursive* Seitenzahlen veweisen auf Bilder

Italienisches Rezeptverzeichnis

Die Autorinnen

KATIE PARLA ist in New Jersey geboren und lebt als Food-Journalistin und Dozentin in Rom. Sie ist Autorin des Blogs KatieParla.com/blog, der Apps »Katie Parla's Rome« und »Katie Parla's Istanbul« sowie des ebooks Eating & Drinking in Rome. Seit sie 2003 nach Rom gezogen ist, hat sie mehr als 20 Food- und Reiseführer geschrieben oder an ihnen mitgewirkt. Ihre Reiseberichte, Food-Kritiken und Rezepte sind in The New York Times, Australian Gourmet Traveller, The Guardian, Food & Wein, AFAR, Bon Appetit, Imbibe, Travel + Leisure, Condé Nast Traveler, Punch, Eater, Design*Sponge und Food Republic erschienen.

Katie hat an der Yale University und der Universita degli Studi di Roma »Tor Vergata« studiert. Sie besitzt einen Masters-Degree in italienischer Gastronomiekultur und ein Sommerlier-Zertifikat von FISAR.

KRISTINA GILL ist in Nashville, Tennessee, geboren und arbeitet als freiberufliche Food- und Reisefotografin. Sie ist Redakteurin im Food-Ressort von DesignSponge.com und arbeitet auch als Beraterin. Kristinas Fotos sind in National Geographic Traveler, Need Supply Co.'s Human Being Journal, VSCO, Atlas Quarterly, Australian Gourmet Traveller, Bon Appetit, Kinfolk, Airbnb, Lomography und Belle Australia erschienen.

Kristina hat an der Stanford University und der Johns Hopkins School of Advanced International Studies studiert. Sie lebt mit ihrem Mann Niccolò, der ebenfalls Fotograf ist, in Rom und unterstützt das UN World Food Programme im Kampf gegen den Hunger.